中等职业学校公共基础课程配套教学用书

数学

教学参考书

拓展模块一（下册）

高等教育出版社 教材发展研究所 组编

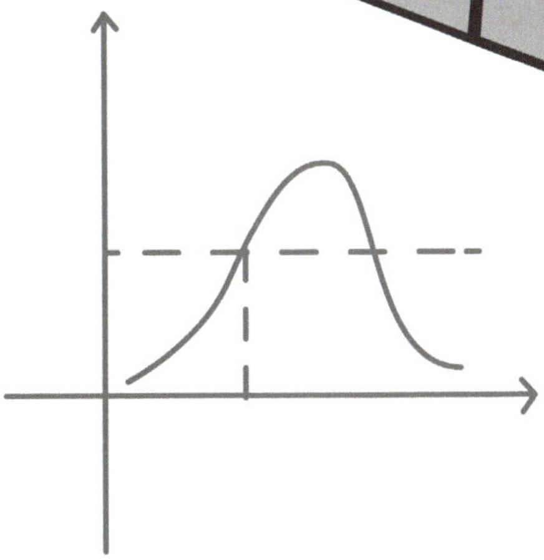

高等教育出版社·北京

总 主 编 秦 静
本册主编 陆泽贵
其他编者（按姓氏笔画排序）
王 轶 方 芳 李德蓉 邱汝杰
张 燕 陈淑婷 袁新华 梁长明
翟华丽
总 策 划 贾瑞武 段博原

图书在版编目（CIP）数据

数学教学参考书．拓展模块一 下册 / 高等教育出版社教材发展研究所组编．-- 北京：高等教育出版社，2023.3（2024.3 重印）
ISBN 978-7-04-059858-2

Ⅰ.①数… Ⅱ.①高… Ⅲ.①数学课-中等专业学校-教学参考资料 Ⅳ.①G633.603

中国国家版本馆 CIP 数据核字(2023)第 022658 号

SHUXUE JIAOXUE CANKAOSHU:
TUOZHAN MOKUAI YI

策划编辑 王超然　责任编辑 王超然　封面设计 李树龙　版式设计 王艳红
责任绘图 邓 超　责任校对 陈 杨　责任印制 刁 毅

出版发行	高等教育出版社	网 址	http://www.hep.edu.cn
社 址	北京市西城区德外大街 4 号		http://www.hep.com.cn
邮政编码	100120	网上订购	http://www.hepmall.com.cn
印 刷	涿州市京南印刷厂		http://www.hepmall.com
开 本	880 mm×1240 mm 1/16		http://www.hepmall.cn
印 张	7.25		
字 数	160 千字	版 次	2023年 3 月第 1 版
购书热线	010-58581118	印 次	2024年 3 月第 7 次印刷
咨询电话	400-810-0598	定 价	24.00 元

本书如有缺页、倒页、脱页等质量问题，请到所购图书销售部门联系调换

物 料 号 59858-00

前　言

2020年1月教育部颁布了《中等职业学校数学课程标准》(以下简称《课程标准》),《课程标准》颁布后高等教育出版社组织编写出版了"十四五"职业教育国家规划教材(中等职业学校公共基础课程教材)——《数学　拓展模块一》。

《课程标准》明确了"数学"是中等职业学校学生必修的一门公共基础课程,同时明确了中职数学课程性质和任务、目标、学科核心素养、学业质量和课程实施等。《课程标准》与以前的《教学大纲》最大的区别在于更注重学生,注重对学生的培养,注重对学生发展的评价。《课程标准》对学生经过某一学段之后的学习结果进行描述,对应该知道什么和能做什么作出界定,而不仅仅只是具体规定教学内容。因此,无论教材、教学还是评价,出发点都是为了《课程标准》中所规定的素质与能力的培养,最终的落脚点也都是这些素质与能力。《课程标准》蕴含了素质教育的前沿理论,体现了最新的课程改革精神,表现出了教育改革鲜明的时代气息。

主教材中每个知识点的引入都是由"情境与问题"开始的,旨在引起学生的兴趣,使其能够进入到教师的教学中来。显然,这些情境与问题是抛砖引玉,授课教师有更适合的、更好的可以根据教学实际进行补充完善。教材中的"探究与发现"旨在借助逻辑推理和理性思考,在保持学生学习兴趣的同时,进一步提升和发展学生的热情。本教学参考书在"教学建议"栏目中对"探究与发现"的问题给出了解答和使用建议,帮助教师在教学中灵活运用这些问题,提振学生的兴趣,使其能够高质量地参与到教学中来,力争做到"课上动起来,课下忙起来"。教材中的"温馨提示""拓展延伸""趣味数学"等栏目旨在帮助学生学会思考,并在思考和学习中得到锻炼与提高。教材中的"数学文化"栏目旨在助力教师在教学中渗透数学文化,提高和体现数学的育人价值,将课程思政元素有机融入日常教学中,润物细无声,育人在细微处。

设计新颖活泼的导入,激发学生的学习兴趣,让教学精彩起来;创设交流、合作、探索的空间,合作、互动,让教学生动起来;体验数学学习的乐趣,让学生动手动脑,培养求真、求实的科学态度,激发兴趣,启迪思维,让教学深刻起来;尊重学生、鼓励创新,让评价多元起来。这就是《数学》教材的特色和追求的目标。与主教材配套的教学参考书,旨在帮助教师更深刻理解《课程标准》,用好教材,让教学更上一层楼。

教学参考书中的"教学要求",主要包括"教学目标"和"课程内容与学时建议"。"目标"是指知识目标、能力目标和素养目标;"建议"以表格的形式呈现,便于教师快捷地抓取到要点。"评价建议"主要包括"水平层次""样题举例"和"评价方法"。"水平层次"以表格形式呈现;"样题举例"展示水平一和水平二的题目的难易程度,使教学更有针对性;"评价方法"对过程性评价和结果性评价给出了一些建议。“教学建议”一般包含8部分内容,“知识准备”是根据所要讲授的知识内容需要简要回顾初中知识和前面学过的知识;“教学目标”详细地描述知识目标和能力目标;“教学提示”按照教材顺序写明教材的编写意图,教到什么程度,详细的教学建议等;“问题设计”提供一些教学中的问题供教师参考,主要目的是通过这些问题吸引学生参与到教学中来,先有参与,再进一步提高参与质量,体现教学理念的转变:以学为中心,以学生为中心,所设计的问题仅供参考;当教师讲完一节课,会对自己的教学有总结、有思考,“教学反思”的目的就是为教师留下一个记录的地方,同时作一个引导,引导课后反思本节教学内容的教学设计、教学效果、教学创新、课程育人、学生参与情况等,日积月累,在这个过程中教学水平会有长足进步。这些教学反思是教师提高教学质量的宝贵经验和重要方法,也是我们进一步完善教材内容、提高教材质量的重要参考。此外,还有“新知结构”“重点难点”与“习题答案”。“教学示例”是教学实录示例,展示某个教学环节的设计,或者针对某种核心素养的教学活动的设计,或是运用信息化手段进行教学的示例,这些案例大都取材于教师们的教学比赛获奖案例。“素养拓展”是针对本章内容,为教师提供一个向学生介绍和展示所教授知识的来龙去脉或发展过程或实际应用的素材。

我们在编写本教学参考书时做了很多新的尝试,力图提供一本有时代特色、实用易用的教学参考书,以引导中职数学教师积极投身到教学研究、教学改革和教学实践中去,以取得更多优秀的教学成果。

本书是《数学　拓展模块一(下册)》的教学参考书,包括三角计算、数列、排列组合、随机变量及其分布、统计五章。

本书配有学习卡资源,请登录Abook网站 http://abook.hep.com.cn/sve 获取相关资源。详细说明见本书“郑重声明”页。

本书由高等教育出版社教材发展研究所组织编写,山东大学秦静担任总主编,济南市教育教学研究院陆泽贵担任主编。此外,参加编写的还有济南信息工程学校张燕,济南旅游学校陈淑婷、梁长明,章丘中等专业学校邱汝杰,湖北省教育科学研究院方芳,枝江市职业教育中心袁新华、李德蓉,武汉市第二轻工业学校翟华丽,武汉市第一商业学校王轶。在本书的编写过程中,还邀请了相关行业企业的工程技术人员参与了研讨和编写工作,以使书稿内容能够进一步贴近生产实际,体现职业岗位需求,满足一线教学需要。在编写过程中,部分省市教研室和一线数学教师提供了很好的建议和意见,在此表示衷心的感谢!

由于编者水平有限,书中错误与疏漏之处在所难免,欢迎广大读者批评指正。读者反馈邮箱:zz_dzyj@pub.hep.cn。

编者

2022年7月

目　录

第 6 章　三角计算 ······ 1

Ⅰ　教学要求 ······ 1

Ⅱ　评价建议 ······ 2

Ⅲ　教学建议 ······ 4

6.1　和角公式 ······ 4

6.2　二倍角公式 ······ 10

6.3　正弦型函数的图像和性质 ······ 13

6.4　解三角形 ······ 18

6.5　三角计算的应用 ······ 21

复习题 6 答案 ······ 24

Ⅳ　教案示例 ······ 25

两角和与差的余弦公式 ······ 25

Ⅴ　素养拓展 ······ 29

刘徽与《海岛算经》 ······ 29

第 7 章　数列 ······ 31

Ⅰ　教学要求 ······ 31

Ⅱ　评价建议 ······ 32

Ⅲ　教学建议 ······ 33

7.1　数列的概念 ······ 33

7.2　等差数列 ······ 37

7.3　等比数列 ······ 40

7.4　等差数列与等比数列的应用 ······ 43

复习题 7 答案 ······ 46

Ⅳ　教案示例 ······ 47

数列的概念 ······ 47

Ⅴ　素养拓展 ······ 52

当美妙的音乐遇到“冷酷”的数学 ······ 52

第 8 章　排列组合 ······ 54

Ⅰ　教学要求 ······ 54

Ⅱ　评价建议 ······ 55

Ⅲ　教学建议 ······ 57

8.1　计数原理 ······ 57

8.2　排列与组合 ······ 60

8.3　二项式定理 ······ 67

复习题 8 答案 ······ 71

Ⅳ　教案示例 ······ 73

组合(第 1 学时) ······ 73

Ⅴ　素养拓展 ······ 76

杨辉三角与弹子游戏 ······ 76

第 9 章　随机变量 ······ 79

Ⅰ　教学要求 ······ 79

Ⅱ　评价建议 ······ 80

Ⅲ　教学建议 ······ 82

9.1　离散型随机变量及其分布 ······ 82

9.2　正态分布 ······ 86

复习题 9 答案 ······ 88

Ⅳ　教案示例 ······ 89

二项分布 ······ 89

Ⅴ　素养拓展 ······ 92

正态分布 ······ 92

第 10 章　统计 ······ 94

Ⅰ　教学要求 ······ 94

Ⅱ　评价建议 ······ 95

Ⅲ　教学建议 ······ 97

10.1　集中趋势与离散程度 ······ 97

10.2　一元线性回归 ······ 101

复习题 10 答案 …………………………… 104
Ⅳ　教案示例 ……………………………… 104
一元线性回归 ……………………………… 104
Ⅴ　素养拓展 ……………………………… 107
统计分析方法——数据分析 …………… 107

第6章 三角计算

I 教学要求

一、教学目标

本章教材在《数学 基础模块》第4章三角函数的基础上，对和角公式、二倍角公式、正弦型函数与正、余弦定理等知识进行了阐述，三角计算是三角函数的拓展和延伸. 通过本章学习，使学生了解和角公式的推导过程；理解两角和与两角差的正弦公式、余弦公式和正切公式在求值、化简及证明等方面的应用；理解二倍角的正弦公式、余弦公式和正切公式的推导过程及在求值、化简与证明等方面的应用；了解正弦型函数与正弦函数之间的关系，初步掌握在一个周期上画正弦型函数简图的"五点法"，理解正弦型函数的图像和性质；初步掌握用正弦定理和余弦定理解三角形的方法；初步掌握用三角计算解决实际问题的方法.

教师可帮助学生在化简与求值的过程中理解三角公式；结合正弦型函数的图像，帮助学生运用代数运算的方法研究正弦型函数的最大(小)值、周期性、单调性等性质.教学中，应注重培养学生的数学应用意识，借助计算工具完成复杂的三角计算，解决实际问题.培养和提升学生的数学运算、直观想象、逻辑推理和数学建模等核心素养.

结合三角函数的周期性、对称性以及三角恒等变换的对称性、简洁性所体现数学的统一美、对称美和简单美，让学生感受数学世界的奇妙与和谐，体验科学探究的艰辛与喜悦.利用教材中融入的数学文化、生产生活实例等元素，使学生认识数学与人类生活的密切联系及对人类发展的重要作用，加深对数学来源于生活、服务于生活的理解.借助教学过程，让学生体验数学活动中充满的探索与创造，感受数学的严谨性与数学结论的确定性，帮助学生养成互帮互助、共同协作的集体主义精神，形成实事求是的学习态度以及求真务实的科学精神.

二、课程内容与学时建议

本章教学约需16学时，具体分配建议见表6-1。

表 6-1

内容	内容要求	学时建议
6.1　和角公式	了解和角公式的推导过程，理解两角和与两角差的正弦公式、余弦公式和正切公式在求值、化简及证明等方面的应用	4
6.2　二倍角公式	理解二倍角的正弦公式、余弦公式和正切公式的推导过程及在求值、化简与证明等方面的应用	2
6.3　正弦型函数的图像和性质	了解正弦型函数 $y=A\sin(\omega x+\varphi)$ 与正弦函数之间的关系；初步掌握在一个周期上画正弦型函数简图的“五点法”，理解正弦型函数的图像和性质	2
6.4　解三角形	初步掌握用正弦定理和余弦定理解三角形的方法	4
6.5　三角计算的应用	初步掌握用三角计算解决实际问题的方法	2
机动	习题课、复习课、测试等	2

Ⅱ　评价建议

一、水平层次(表 6-2)

表 6-2

学业水平描述	
水平一	水平二
在熟悉的单一情境中： 1. 知道两角差的余弦公式的推导过程，会由两角差的余弦公式推导两角和的余弦公式以及两角和与两角差的正弦、正切公式，会用和角公式进行求值、化简和证明； 2. 知道二倍角公式的推导过程，会用二倍角公式进行求值、化简和证明； 3. 知道正弦型函数与正弦函数之间的关系；知道用“五点法”画正弦型函数在一个周期上的简图的过程； 4. 知道正弦定理和余弦定理的推导过程，知道它们在解三角形中的作用	在熟悉的关联情境中： 1. 达到水平一的 1—4； 2. 能根据正弦型函数的图像领会其性质，会用“五点法”画正弦型函数在一个周期上的简图； 3. 会用正弦定理和余弦定理解三角形； 4. 能通过数学建模，解决简单的与三角计算有关的实际问题

二、样题举例

1. 已知 $\cos\alpha=\dfrac{3}{5}$，$\cos\beta=\dfrac{4}{5}$，并且 α 和 β 都是锐角，则 $\cos(\alpha+\beta)$ 的值为(　　).

A. 1　　B. $\dfrac{3}{4}$　　C. 0　　D. $-\dfrac{3}{4}$

说明：此题旨在考查学生两角和的余弦公式的掌握情况，注意角 α 和 β 所在的象限，也就是三角函数值的符号问题，完成此题可以视为达到水平一. 本章计算公式多，教学中要帮助学生在理解、记忆公式的基础上，掌握这些公式的简单应用.

2. $\sin(\alpha+\beta)\cos\beta-\cos(\alpha+\beta)\sin\beta$ 化简的结果是(　　).

A. $\sin\alpha$　　B. $\sin\beta$　　C. $\cos\alpha$　　D. $\cos\beta$

说明：此题旨在引导学生加深对公式中 α,β 的任意性的理解. 完成此题可以视为达到水平二.

3. 若 $\tan\alpha,\tan\beta$ 是方程 $x^2+2x-5=0$ 的两个根，求 $\tan(\alpha+\beta)$ 的值.

说明：此题旨在考查两角和的正切公式以及整体代换的数学思想. 完成此题可以视为达到水平二.

4. 化简：$4\sin\dfrac{\alpha}{4}\cos\dfrac{\alpha}{4}\cos\dfrac{\alpha}{2}$.

说明：此题旨在考查"二倍角"概念的相对性，2α 是 α 的二倍，α 是 $\dfrac{\alpha}{2}$ 的二倍，$\dfrac{\alpha}{2}$ 是 $\dfrac{\alpha}{4}$ 的二倍等. 完成此题可以视为达到水平二.

5. 在 $\triangle ABC$ 中，$a=3$，$c=6$，$\cos B=\dfrac{3}{5}$，求 $\triangle ABC$ 的面积.

说明：此题旨在考查三角形的面积公式，注意公式中的角取其正弦值而不是余弦值. 完成此题可以视为达到水平二.

6. 在 $\triangle ABC$ 中，$b=3$，$\angle B=30°$，$c=3\sqrt{3}$，求 $\angle A$.

说明：此题旨在考查"已知三角形的两边和其中一边所对角"应用正弦定理解三角形的问题，解决此类问题注意判断三角形解的个数. 完成此题可以视为达到水平二.

7. 在 $\triangle ABC$ 中，若 $a=5$，$b=3$，$c=7$，则 $\triangle ABC$ 为(　　).

A. 锐角三角形　　B. 直角三角形

C. 钝角三角形　　D. 不能确定 $\triangle ABC$ 的形状

说明：此题旨在考查利用余弦定理判断三角形的形状，此时只要判断最大角的余弦值是大于 0、等于 0 还是小于 0，可知最大角是锐角、直角还是钝角，即可确定三角形的形状. 完成此题可以视为达到水平二.

8. 在相距 2 km 的 A、B 两点处测量目标点 C(无法到达)，若 $\angle CAB=75°$，$\angle CBA=60°$，则 A，C 两点之间的距离为(　　)km.

A. $\sqrt{2}$　　B. $\sqrt{3}$　　C. $\sqrt{7}$　　D. $\sqrt{6}$

说明：此题旨在考查正弦定理在生产、生活实际问题中的应用，培养学生数学建模的核心素养，完成此题可以视为达到水平二.

三、评价方法

本章内容公式多、计算量大、难度大. 为了让学生能很好地掌握知识，评价可采用过程性评价与结果性评价相结合的方式.在教学过程中,可通过课堂提问、想一想、试一试等环节对学生的学习效果进行评价,在关注知识与技能评价的前提下要关注学生核心素养及情感、态度与价值观的形成和发展,关注学生学习过程中所做的努力,借助信息化手段提高评价效率.评价应关注以下几点:

(1) 引导学生积极参与教学活动,善于发现问题,提出问题,以此培养学生的逻辑推理和数学抽象等核心素养.

(2) 通过教材上的"练习、习题和复习题"来评价学生是否掌握和角公式、正余弦定理以及三角形的面积等基本公式,关注学生的计算能力以及使用计算工具计算和数据处理的能力,培养学生逻辑推理和数学运算等核心素养.

(3) 关注学生能否从生产、生活问题中抽象出三角计算公式模型,并能利用三角知识加以解决,培养学生数学抽象和数学建模等核心素养.

Ⅲ 教学建议

6.1 和角公式

一、知识准备

1. 三角函数的诱导公式.
2. 三角函数的定义.
3. 两点间的距离公式.
4. 同角三角函数的基本关系式.

二、新知结构(图 6-1)

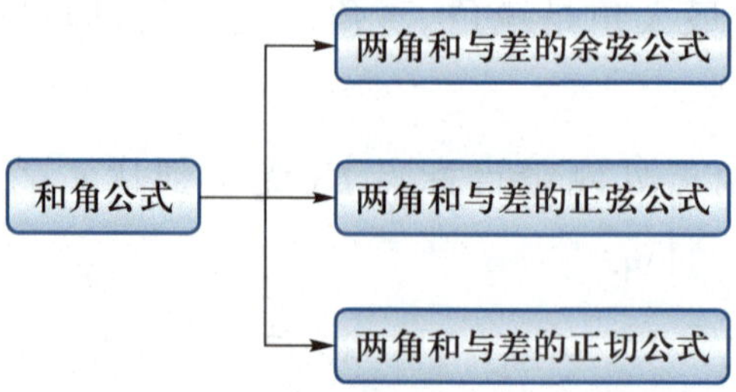

图 6-1

三、教学目标

1. 掌握和角公式及其推导过程,理解公式成立的条件,会用公式求值、化简和证明.

2. 通过探索、发现并推导公式，逐步培养分析问题、解决问题、合作交流的能力；通过公式的运用，掌握求值和化简的各种方法，从而培养数学抽象、逻辑推理和数学运算等核心素养.

四、重点难点

重点：利用和角公式求值、化简和证明三角函数式.

难点：两角和与差的余弦公式的推导.

五、教学提示

1. 本节开篇复习了诱导公式，和角公式可以看作是广义的诱导公式，从而利用从特殊到一般的方法说明和角公式解决的问题是：已知任意两个角的三角函数，能够求得它们和角或者差角的三角函数.

2. 在教材 6.1.1 中，利用解析法推导了两角和与差的余弦公式.其解决问题的步骤是：首先在平面上建立坐标系，把已知点轨迹的几何条件“翻译”成解析式，然后对其进行研究，最后将方程的性质用几何语言叙述，从而得到原先几何问题的答案.解析法对近代数学的机械化证明提供了有力的工具.在后续章节中，正弦、余弦定理以及三角形面积公式的证明都采用了这种方法.

3. 公式 $C_{\alpha+\beta}$及由公式推导出的其他公式 $C_{\alpha-\beta}$，$S_{\alpha+\beta}$，$S_{\alpha-\beta}$，$T_{\alpha+\beta}$，$T_{\alpha-\beta}$，都具有一般性.教学中要帮助学生通过练习，加深对公式中角 α 和 β 任意性的理解.

4. 教材 6.1 节中例 1 和例 4，如果一个角可以化成两个特殊角的和（或差），就可以直接应用和角公式求出和角的对应三角函数值.

5. 在教材 6.1 节例 2 和例 5 中，需要强调，在利用同角三角函数的基本关系式求未知三角函数值时一定要注意角的取值范围.

6. 教材 6.1 节例 3 利用两角和与差的余弦公式证明了诱导公式，既与本节开篇复习的诱导公式呼应，又可以帮助学生理解诱导公式是和角公式的特例.

7. 在教材 6.1.2 中，公式 $S_{\alpha+\beta}$是借助公式 $C_{\alpha+\beta}$推导出来的，其关键是把 $S_{\alpha+\beta}$化为 $\sin(\alpha+\beta)=\cos\left[\frac{\pi}{2}-(\alpha+\beta)\right]$.这里用到诱导公式 $\sin x=\cos\left(\frac{\pi}{2}-x\right)$.建议教师在证明公式 $S_{\alpha+\beta}$之前先复习这组公式.

8. 通过对教材 6.1 节例 6 的学习，旨在培养学生的逆向思维能力，同时例 3 的第 2 小题也为以后学习辅助角公式（$y=a\sin x+b\cos x=\sqrt{a^2+b^2}\sin(x+\theta)$）做出了铺垫.

9. 两角和的正切公式的教学，应启发学生如何用 $\tan\alpha$ 和 $\tan\beta$ 来表示 $\tan(\alpha+\beta)$，如果联想到公式 $\tan\alpha=\frac{\sin\alpha}{\cos\alpha}$，$\tan\beta=\frac{\sin\beta}{\cos\beta}$，那么在公式推导中 $\tan(\alpha+\beta)=\frac{\sin(\alpha+\beta)}{\cos(\alpha+\beta)}=\frac{\sin\alpha\cos\beta+\cos\alpha\sin\beta}{\cos\alpha\cos\beta-\sin\alpha\sin\beta}$，就容易理解此式的分子、分母为什么要同时除以 $\cos\alpha\cos\beta$ 了.

10. 在教材6.1.3中，两角和与差的正切公式推导出来之后，应使学生明确：公式中的α，β与$\alpha\pm\beta$均不能等于$k\pi+\frac{\pi}{2}(k\in\mathbf{Z})$.

例如，化简$\tan\left(\frac{\pi}{2}+\alpha\right)$，因为$\tan\frac{\pi}{2}$不存在，所以不能用$T_{\alpha\pm\beta}$来化简. 但可以转化为

$$\tan\left(\frac{\pi}{2}+\alpha\right)=\frac{\sin\left(\frac{\pi}{2}+\alpha\right)}{\cos\left(\frac{\pi}{2}+\alpha\right)}=\frac{\cos\alpha}{-\sin\alpha}.$$

又如，在求$\tan 120°$时，一般把$\tan 120°$化为$\tan(180°-60°)$后再利用诱导公式化简求值，而不能把$\tan 120°$化为$\tan(90°+30°)$后用和角公式展开求值，因为$\tan 90°$不存在.

11. 在教材6.1节例8第(2)题和练习1.(4)中，分别借助了$1=\tan 45°$和$\sqrt{3}=\tan 60°$这两个特殊值，在两角和与差的正切公式中善用特殊角的三角函数值可以达到简化解题的目的.

12. 灵活运用和角公式，有时需要将式子中的两个角的和与差看成整体来运用公式，从而逐步培养学生整体代换的思想. 例如，化简$\cos(\alpha+\beta)\cos\alpha+\sin(\alpha+\beta)\sin\alpha$时，不要将$\cos(\alpha+\beta)$、$\sin(\alpha+\beta)$展开，而应将$\alpha+\beta$看成一个角，把上式直接运用公式化为$\cos[(\alpha+\beta)-\alpha]=\cos\beta$.

13. 习题6.1B组【能力提升】第2题需要先应用任意角的三角函数的定义求得α、β的三角函数值，然后再利用和角公式求值，旨在拓宽学生的思路，帮助学生完成关联情境下的数学问题，这是二级水平要求.

14. 习题6.1C组【学以致用】第3题直接应用公式求值会比较烦琐，这里可以采用“凑角法”完成，即$\cos\beta=\cos[(\alpha+\beta)-\alpha]=\cos(\alpha+\beta)\cos\alpha+\sin(\alpha+\beta)\sin\alpha$. 本题难度较大，旨在拓宽学生的思路，帮助学生练习解决关联情境下的数学问题，这是二级水平要求.

三角函数的凑角问题技巧性很强，它的使用范围非常广泛，而且难度比较大，解决此类问题应注意以下两个方面：

（1）在不能直接应用和角公式求三角函数值时，可以尝试先利用已知角配凑出所求角，然后再应用公式求值，也可以配凑出带有π或者$\frac{\pi}{2}$的角，然后通过诱导公式将其转化为已知角的三角函数值.

（2）需要通过题目中已知角的范围确定所求角的范围，从而确定各三角函数值的符号.

15. 正弦、余弦、正切的和角公式的内在联系如图6-2所示.

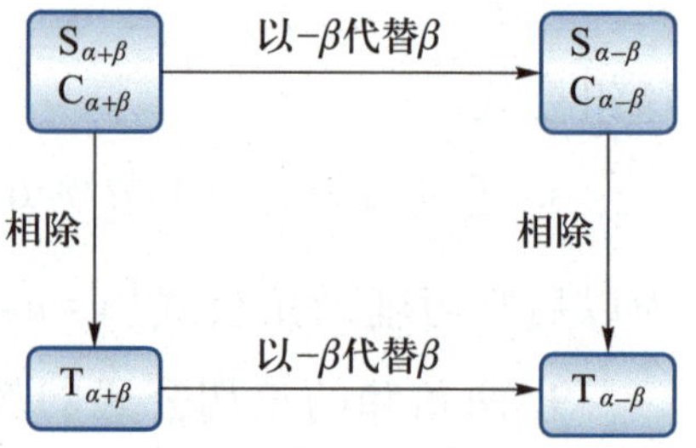

图6-2

六、问题设计

1. 对于任意角 α、β，是否一定有 $\cos(\alpha+\beta)=\cos\alpha+\cos\beta$ 呢？

本题旨在巩固两角和的余弦公式.

2. 如何根据两角和与差的余弦公式和诱导公式 $\cos\left(\frac{\pi}{2}+\alpha\right)=-\sin\alpha$ 推导两角和的正弦公式？

本题旨在应用两角和的余弦公式证明诱导公式，引导学生体会诱导公式与和角公式的联系.

七、拓展延伸（三种证明和角公式的方法）

1. 利用托勒密定理证明两角和的正弦公式

早在公元 2 世纪，古希腊天文学家、数学家托勒密就证明了两角和的正弦公式，其证明方法如下：

如图 6-3 所示设圆内接四边形 $ABCD$ 中，AC 是直径，$\angle BAC=\alpha$，$\angle DAC=\beta$，则 $\angle BAD=\alpha+\beta$.

作直径 BE，连接 DE，则 $\angle BED=\angle BAD=\alpha+\beta$；

在 $\mathrm{Rt}\triangle ABC$ 中，$\sin\alpha=\dfrac{BC}{AC}$，$\cos\alpha=\dfrac{AB}{AC}$；

在 $\mathrm{Rt}\triangle ACD$ 中，$\sin\beta=\dfrac{CD}{AC}$，$\cos\beta=\dfrac{AD}{AC}$；

在四边形 $ABCD$ 中，由托勒密定理（圆内接四边形两组对边乘积的和等于两条对角线的乘积），可得

$$BC\times AD+AB\times CD=AC\times BD$$

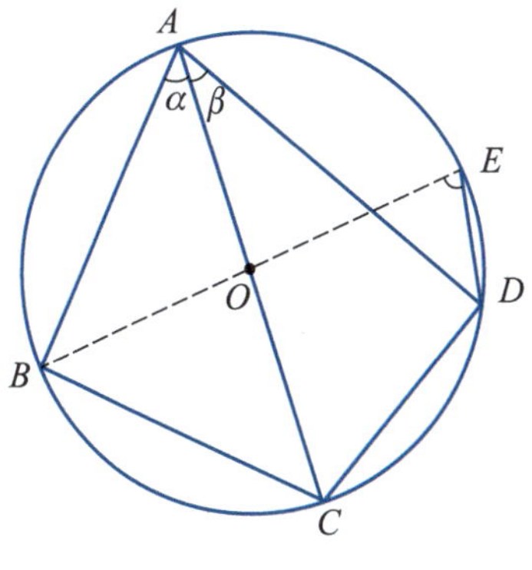

图 6-3

所以，
$$\begin{aligned}\sin\alpha\cos\beta+\cos\alpha\sin\beta&=\frac{BC}{AC}\times\frac{AD}{AC}+\frac{AB}{AC}\times\frac{CD}{AC}\\&=\frac{BC\times AD+AB\times CD}{AC^2}\\&=\frac{AC\times BD}{AC^2}\\&=\frac{BD}{AC}.\end{aligned}$$

又因为在 $\mathrm{Rt}\triangle BDE$ 中，$\sin\angle BED=\dfrac{BD}{BE}=\dfrac{BD}{AC}$.

所以

$$\sin(\alpha+\beta)=\sin\alpha\cos\beta+\sin\beta\cos\alpha.$$

2. 利用几何法证明两角和与差的余弦公式

公元 3 世纪末，古希腊数学家帕普斯在《数学汇编》中利用线段的长度表示两角和与差的正、余弦公式中的三角比的值，进而得到锐角情形下的两角和与差的正、余弦公式，其证明方法如下.

如图 6-4 所示，设 $\angle AOB=\alpha$，$\angle BOC=\beta(0<\beta<\alpha<\pi, 0<\alpha+\beta<\pi)$，$OA=OB=OC=1$；过 C 作 $CD\perp OA$ 于 D，作 $CH\perp OB$ 于 H，交半圆于 E；则 $\angle AOB=\angle DCE=\alpha$，$\angle BOE=\angle BOC=\beta$.

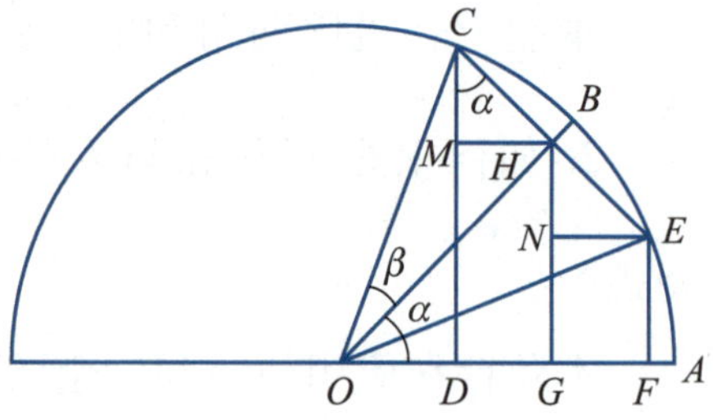

图 6-4

过 H 作 $HG\perp OA$ 于 G，作 $HM\perp CD$ 于 M；过 E 作 $EF\perp OA$ 于 F，作 $EN\perp HG$ 于 N. 于是

在 Rt△COD 中，有 $OD=\cos(\alpha+\beta)$；

在 Rt△EOF 中，有 $OF=\cos\angle AOE=\cos(\alpha-\beta)$；

在 Rt△EOH 中，有 $OH=\cos\angle EOH=\cos\beta$，$HE=\sin\angle EOH=\sin\beta$；

在 Rt△CMH 中，有 $\sin\alpha=\dfrac{MH}{CH}$；

在 Rt△GOH 中，有 $\cos\alpha=\dfrac{OG}{OH}$；

因此，$\sin\alpha\sin\beta=\dfrac{MH}{CH}\times HE=\dfrac{MH}{CH}\times CH=MH$，

$$\cos\alpha\cos\beta=\frac{OG}{OH}\times OH=OG,$$

由 $OD=OG-DG$，$OF=OG+GF$，可得

$$\cos(\alpha+\beta)=\cos\alpha\cos\beta-\sin\alpha\sin\beta;$$
$$\cos(\alpha-\beta)=\cos\alpha\cos\beta+\sin\alpha\sin\beta.$$

3. 利用三角形的面积证明两角和的正弦公式

近代数学中，人们利用几何法，借助三角形的面积证明了两角和的正弦公式，其证明方法如下：

如图 6-5 所示，角 α 以 OA 为始边，Ox 轴为终边，角 β 以 Ox 轴为始边，OB 为终边，在 Ox 轴上任取一点 C，过点 C 做 Ox 轴的垂线，分别交 OA 于点 A，交 OB 于点 B，考虑三个三角形的面积关系，容易得到

$$S_{\triangle OAB}=S_{\triangle OBC}+S_{\triangle OAC}.$$

在△OAC 中，OA 边上的高为 $OC\sin\alpha$，

$$S_{\triangle OAC}=\frac{1}{2}OA\cdot OC\sin\alpha;$$

在△OBC 中，OB 边上的高为 $OC\sin\beta$，

$$S_{\triangle OBC}=\frac{1}{2}OB\cdot OC\sin\beta;$$

在△OAB 中,OA 边上的高为 $OB\sin(\alpha+\beta)$,

$$S_{\triangle OAB}=\frac{1}{2}OA\cdot OB\sin(\alpha+\beta);$$

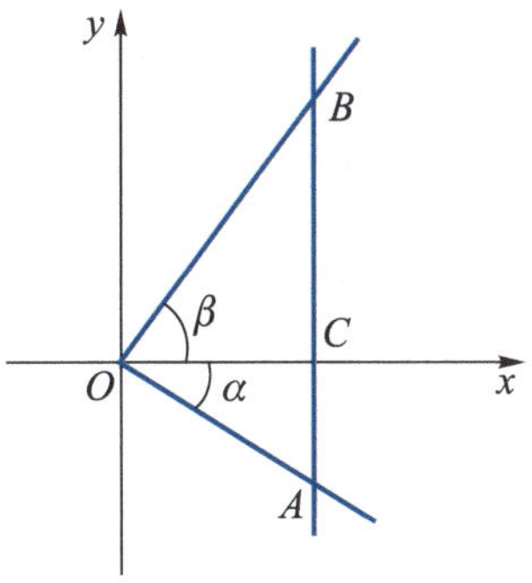

图 6-5

所以

$$\frac{1}{2}OA\cdot OB\sin(\alpha+\beta)=\frac{1}{2}OA\cdot OC\sin\alpha+\frac{1}{2}OB\cdot OC\sin\beta,$$

所以

$$\sin(\alpha+\beta)=\frac{OC}{OB}\sin\alpha+\frac{OC}{OA}\sin\beta,$$

所以

$$\sin(\alpha+\beta)=\sin\alpha\cos\beta+\cos\alpha\sin\beta.$$

八、习题答案

练习 6.1.1

1. (1) $\frac{-\sqrt{6}+\sqrt{2}}{4}$;(2) $\frac{\sqrt{6}-\sqrt{2}}{4}$;(3) $\frac{\sqrt{2}}{2}$;(4) $\frac{\sqrt{2}}{2}$.

2. $\frac{-4-3\sqrt{3}}{10}$;$\frac{-4+3\sqrt{3}}{10}$.

3. 略.

练习 6.1.2

1. $\frac{\sqrt{6}+\sqrt{2}}{4}$.

2. (1) $\frac{1}{2}$;(2) $\frac{\sqrt{3}}{2}$;(3) $-\frac{1}{2}$;(4) $-\frac{\sqrt{2}}{2}$.

3. (1) $\frac{6+\sqrt{35}}{12}$;(2) $\frac{6-\sqrt{35}}{12}$.

练习 6.1.3

1. (1) $2+\sqrt{3}$;(2) $-2-\sqrt{3}$;(3) 1;(4) 1.

2. $-1,-\frac{1}{7}$.

3. 略.

习题 6.1

A 组

1. (1) $\sqrt{3}\sin\alpha$.(2) $\cos\theta$.(3) $\cos y$;(4) 1.

2. (1) $\frac{-3+4\sqrt{3}}{10}$;(2) $\frac{-3+4\sqrt{3}}{10}$;(3) -7.

B 组

1. (1) $\frac{220}{221}$;(2) $\frac{171}{221}$.

2. $-\frac{\sqrt{5}}{5}$,$\frac{2\sqrt{5}}{25}$.

3. 略.

C 组

1. $\frac{59}{72}$.

2. 1.

3. $\frac{1}{2}$;$\frac{\sqrt{3}}{2}$.

九、教学反思

6.2 二倍角公式

一、知识准备

1. 两角和的正弦、余弦、正切公式.
2. 同角三角函数的基本关系式.

二、新知结构(图 6-6)

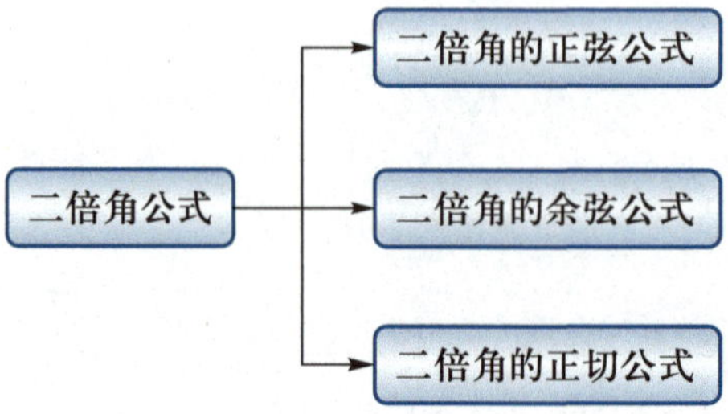

图 6-6

三、教学目标

1. 理解二倍角的正弦、余弦、正切公式的推导过程及在求值、化简与证明等方面的应用.

2. 通过公式的推导，了解和角公式与二倍角公式的内在联系，从而培养逻辑思维能力；通过综合运用公式，掌握有关技巧，提高分析问题、解决问题的能力，逐步培养逻辑推理和数学运算的核心素养.

四、重点难点

重点：二倍角公式的推导与应用.

难点：二倍角公式的理解及灵活应用.

五、教学提示

1. 在公式 $S_{\alpha+\beta}$、$C_{\alpha+\beta}$、$T_{\alpha+\beta}$ 中，令 $\alpha=\beta$，就可以得到二倍角的正弦、余弦和正切公式. 二倍角公式是两角和的三角函数公式的特殊情况.

2. 教学中，通过练习引导学生理解“二倍角”概念的相对性，二倍角公式不仅限于 2α 是 α 的二倍的形式，其他如 4α 是 2α 的二倍，α 是 $\frac{\alpha}{2}$ 的二倍，3α 是 $\frac{3\alpha}{2}$ 的两倍等，所有这些都可以应用二倍角公式.

3. 使用二倍角公式时要注意，当角 $\alpha=\frac{\pi}{4}+k\pi(k\in\mathbf{Z})$ 时，$\tan 2\alpha$ 不存在. 所以只有当 $\alpha\neq\frac{\pi}{4}+k\pi$ 和 $\alpha\neq\frac{\pi}{2}+k\pi(k\in\mathbf{Z})$ 时，二倍角的正切公式才有意义，否则不成立.

4. 二倍角的余弦公式通常可以转化为 $\sin^2\alpha=\frac{1-\cos 2\alpha}{2}$，$\cos^2\alpha=\frac{1+\cos 2\alpha}{2}$. 观察这两个公式可以看到：角 α 的三角函数值从式子的左边到右边，其指数由 2 次降为 1 次，同时角 α 变为 2α，通常简记为降幂扩角，这两个公式也被称作三角函数的降幂公式. 当然直接应用二倍角公式可以使得角 α 的三角函数值升幂缩角.

5. 在教材例 1 中，求 $\cos 2\alpha$ 时选用的是 $\cos 2\alpha=1-2\sin^2\alpha$ 这一公式，旨在直接应用已知条件，能有效避免使用错误的间接条件导致结果错误.

6. 本节课的难点之一是二倍角公式的逆向运用，教师要加强练习，使学生熟练掌握并理解. 例如，可以进行下面的练习：$\sin\alpha\cos\alpha=\frac{1}{2}\sin 2\alpha$，$\cos^2 60°-\sin^2 60°=\cos 120°$，$\frac{2\tan 15°}{1-\tan^2 15°}=\tan 30°$.

7. 凡是用单角 α 的三角函数来表示 3α，4α 等的三角恒等式都称为倍角公式，本教材未涉及三倍角、四倍角公式的练习，只是在探究与发现中涉及了半角公式的探究，教学中可以引导感兴趣的同学进行公式的变形运算,不必深入讨论.

8. 二倍角公式与和角公式的内在联系如图 6-7 所示.

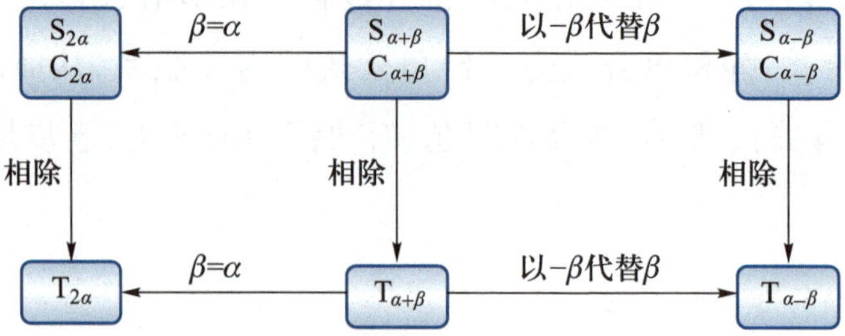

图 6-7

六、问题设计

1. 如何理解“二倍角”概念的相对性?

本题旨在帮助学生深入理解“二倍角”概念的相对性.

2. 如何根据二倍角的正弦和余弦公式推导二倍角的正切公式?

本题旨在引导学生借助商数关系推导二倍角的正切公式,推导方法可以借鉴两角和正切公式的推导方法.

七、习题答案

练习 6.2

1. (1) $\frac{1}{2}$;(2) $\frac{\sqrt{3}}{2}$;(3) $-\frac{\sqrt{3}}{2}$;(4) 1.

2. $\sin 2\alpha=-\frac{24}{25}$, $\cos 2\alpha=\frac{7}{25}$, $\tan 2\alpha=-\frac{24}{7}$.

3. $\sin \theta=\frac{24}{25}$;$\cos \theta=-\frac{7}{25}$.

4. (1) $\frac{1}{2}\sin \theta$;(2) $\cos 2\alpha$;(3) $1-\sin 2\alpha$;(4) $\tan 2\alpha$.

习题 6.2

A 组

1. (1) $\frac{1}{4}$;(2) $\frac{\sqrt{3}}{2}$.

2. $\sin 2\alpha=\frac{120}{169}$, $\cos 2\alpha=-\frac{119}{169}$, $\tan 2\alpha=-\frac{120}{119}$.

3. (1) $\sin 2\alpha$;(2) $\sin \theta+\cos \theta$.

B 组

1. $\frac{-24-7\sqrt{3}}{50}$.

2. 略.

C 组

1. (1) 2;(2) 2 .

2. 略.

3. $-\dfrac{7+24\sqrt{3}}{50}$.

八、教学反思

6.3 正弦型函数的图像和性质

一、知识准备

1. 正弦函数的图像和性质.

2. “五点法”画正弦函数在一个周期上的简图.

二、新知结构(图 6-8)

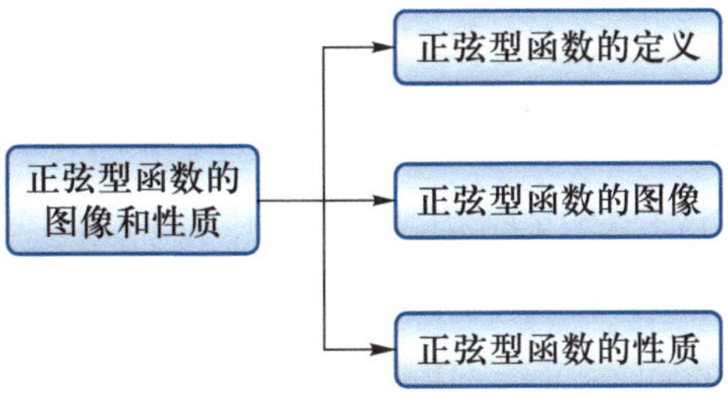

图 6-8

三、教学目标

1. 理解函数 $y=A\sin(\omega x+\varphi)$ 中 A,ω,φ 对图像的影响,知道 $y=A\sin(\omega x+\varphi)$ 与 $y=\sin x$ 之间的关系,会用“五点法”画正弦型函数在一个周期上的简图.

2. 通过具体实例,初步掌握在一个周期上画正弦型函数简图的“五点法”,了解正弦型函数与正弦函数之间的关系,培养观察能力、分析能力、归纳能力和表达能力,进而帮助学生掌握数形结合与化归转化的数学思想方法，形成直观想象和逻辑推理等核心素养.

四、重点难点

重点：正弦函数 $y=\sin x$ 图像到正弦型函数 $y=A\sin(\omega x+\varphi)$ 图像的变换过程.

难点：用“五点法”画正弦型函数在一个周期上的简图；正弦型函数的图像和性质及其应用.

五、教学提示

1. 函数 $y=A\sin(\omega x+\varphi)$ 在物理和工程技术领域中应用广泛.在引入函数 $y=A\sin(\omega x+\varphi)$ 的图像时，教材以生活中摩天轮的实例作为引例，抽象出正弦型函数 $y=A\sin(\omega x+\varphi)$ 模型，将其与学生已有的物理知识联系起来，并说明参数 A,ω,φ 的实际意义，引出振幅、周期、频率、初相的概念，这样既结合了实际，又体现了学以致用的思想.

2. 教学中，引导学生用“五点法”画正弦型函数 $y=A\sin(\omega x+\varphi)$ 在一个周期上的简图.作图中需要强调注意以下几点：

（1）要正确列表.令 $\omega x+\varphi$ 分别取 0、$\frac{\pi}{2}$、π、$\frac{3\pi}{2}$、2π，得到相应 x 和 y 的取值.

（2）要作图美观、正确，用光滑曲线连接，不要画成折线.

（3）要正确标识坐标轴的单位.为了作图的美观，一般 x 轴的单位长度要选定适合的长度（通常以 x 各个取值的最小分数单位为单位长度），y 轴的单位长度则大约以 x 轴上 π 的$\frac{1}{3}$作为 1.

3. 通过作函数 $y=\sin\omega x$、$y=\sin(\omega x+\varphi)$、$y=A\sin(\omega x+\varphi)$ 的图像，引导学生观察、比较和归纳它们与函数 $y=\sin x$ 的图像之间的关系，帮助学生理解 A,ω,φ 的意义以及它们对函数图像的影响.归纳得出由正弦函数图像得到正弦型函数图像的步骤.这一过程体现了由简单到复杂，由特殊到一般的化归思想，实现感性到理性的升华.

4. 教学中，为了方便作图，“生动直观”地体现图像变换的特点，可以借助几何画板或者 GeoGebra 等数学软件进行作图，具体可以仿照教材中“信息技术应用”模块的作图方法.在探索 A,ω,φ 对函数图像的影响时，分别对 A,ω,φ 三个参数赋予不同的值，随着参数值的改变，图像发生相应的变化，作图软件的动态演示、快速计算、数形结合等功能，能有效地促进学生对图像变化规律的掌握，提高信息素养.

5. 教材例 1 采取循序渐进的方式进行探究，先进行周期变换，再进行相位变换，得到函数 $y=\sin\left(2x+\frac{\pi}{4}\right)$ 的图像，此处可以给学生介绍另一种变换方式，即先进行相位变换，再进行周期变换.例如，函数 $y=\sin\left(2x+\frac{\pi}{4}\right)$ 的图像可以由函数 $y=\sin x$ 的图像上所有点向左平移$\frac{\pi}{4}$个单位，再将所有各点的横坐标缩短到原来的$\frac{1}{2}$而得到.

6. 由函数 $y=\sin x$ 的图像变换到函数 $y=A\sin(\omega x+\varphi)$ 的图像有两种变换途径.

方法一：伸缩法（先周期变换再相位变换）

一般地，将函数 $y=\sin x$ 图像上所有点的横坐标变为原来的 $\frac{1}{\omega}$ 倍（纵坐标不变），就得到函数 $y=\sin \omega x$ 的图像，将函数 $y=\sin \omega x$ 的图像沿 x 轴向左（$\varphi>0$）或者向右（$\varphi<0$）平移 $\frac{|\varphi|}{\omega}$ 个单位，就得到函数 $y=\sin(\omega x+\varphi)$ 的图像，将 $y=\sin(\omega x+\varphi)$ 图像上各点的纵坐标变为原来的 A 倍（横坐标不变），就得到函数 $y=A\sin(\omega x+\varphi)$ 的图像，这里 $A>0$，$\omega>0$.

方法二：平移法（先相位变换再周期变换）

一般地，将函数 $y=\sin x$ 图像沿 x 轴向左（$\varphi>0$）或者向右（$\varphi<0$）平移 $|\varphi|$ 个单位，就得到函数 $y=\sin(x+\varphi)$ 的图像，将函数 $y=\sin(x+\varphi)$ 的图像上所有点的横坐标变为原来的 $\frac{1}{\omega}$ 倍（纵坐标不变），就得到函数 $y=\sin(\omega x+\varphi)$ 的图像，将 $y=\sin(\omega x+\varphi)$ 图像上各点的纵坐标变为原来的 A 倍（横坐标不变），就得到函数 $y=A\sin(\omega x+\varphi)$ 的图像，这里 $A>0$，$\omega>0$.

7. 函数 $y=A\sin(\omega x+\varphi)$ 的性质可以结合图像，类比函数 $y=\sin x$ 进行探究，帮助学生运用代数运算的方法研究正弦型函数的最大（小）值、周期性、单调性等性质.

8. 求函数 $y=A\sin(\omega x+\varphi)$ 的最大值、最小值、周期和单调区间是本节的又一教学要求.其中，求取得函数最值时相应的 x 值以及求函数的单调区间时，采用了换元法，设 $t=\omega x+\varphi$，函数 $y=A\sin(\omega x+\varphi)$ 可化为 $y=A\sin t$，也可将 $\omega x+\varphi$ 看成一个整体，再来解决问题，从而培养学生整体代换的思想.教材例 2 和练习 6.3 第 3 题都考察了这一知识点.

9. 教材中“拓展延伸”栏目证明了辅助角公式 $y=a\sin x+b\cos x=\sqrt{a^2+b^2}\sin(x+\theta)$ $\left(其中,\cos\theta=\frac{a}{\sqrt{a^2+b^2}},\sin\theta=\frac{b}{\sqrt{a^2+b^2}}\right)$. 这与教材 6.1.2 例 6 第（2）题相呼应，该公式的主要作用是将多个三角函数的和化成单个函数（即 $y=A\sin(x+\theta)$ 的形式），以此来研究该函数的有关性质.教材中例 2 就是该公式的一个典型应用.辅助角公式最初是由我国清代著名数学家李善兰发现的，教学中可以渗透思政教育.

六、问题设计

1. 用“五点法”画正弦型函数 $y=A\sin(\omega x+\varphi)$ 在一个周期上的简图时如何列表？

本题旨在强调“五点法”画图时的列表方法，详见“教学提示”2.

2. 函数 $y=\sin x$ 的图像变换到函数 $y=\sin(\omega x+\varphi)$ 的图像过程中，先相位变换后周期变换与先周期变换后相位变换有何区别？

本题旨在帮助学生区分两种变换方法的不同，详见“教学提示”6.

七、习题答案

练习 6.3

1. 略.

2. (1) 将函数 $y=\sin x$ 的图像上所有点的纵坐标变为原来的$\frac{1}{3}$倍(横坐标不变),就得到函数 $y=\frac{1}{3}\sin x$ 的图像;

(2) 将函数 $y=\sin x$ 的图像沿 x 轴向右平移$\frac{\pi}{3}$个单位(纵坐标不变),就得到函数 $y=\sin\left(x-\frac{\pi}{3}\right)$ 的图像;

(3) 把函数 $y=\sin x$ 图像上所有点的横坐标变为原来的 2 倍(纵坐标不变),就得到函数 $y=\sin\frac{1}{2}x$ 的图像,再把函数 $y=\sin\frac{1}{2}x$ 图像上各点的纵坐标变为原来的 2 倍(横坐标不变),就得到函数 $y=2\sin\frac{1}{2}x$ 的图像.

(4) 把函数 $y=\sin x$ 图像上所有点的横坐标变为原来的$\frac{1}{2}$倍(纵坐标不变),就得到函数 $y=\sin 2x$ 的图像,把函数 $y=\sin 2x$ 的图像沿 x 轴向右平移$\frac{\pi}{8}$个单位,就得到函数 $y=\sin\left(2x-\frac{\pi}{4}\right)$ 的图像,把函数 $y=\sin\left(2x-\frac{\pi}{4}\right)$ 图像上各点的纵坐标变为原来的$\frac{1}{2}$倍(横坐标不变),就得到函数 $y=\frac{1}{2}\sin\left(2x-\frac{\pi}{4}\right)$ 的图像.

3. (1) 周期为 π

当 $\left\{x \mid x=k\pi+\frac{\pi}{4}, k\in\mathbf{Z}\right\}$ 时,函数 $y=\frac{2}{3}\sin 2x$ 取得最大值,最大值为$\frac{2}{3}$;

当 $\left\{x \mid x=k\pi-\frac{\pi}{4}, k\in\mathbf{Z}\right\}$ 时,函数 $y=\frac{2}{3}\sin 2x$ 取得最小值,最小值为$-\frac{2}{3}$.

(2) 周期为 2π

当 $\left\{x \mid x=2k\pi+\frac{\pi}{6}, k\in\mathbf{Z}\right\}$ 时,函数 $y=2\sin\left(x+\frac{\pi}{3}\right)$ 取得最大值,最大值为 2;

当 $\left\{x \mid x=2k\pi-\frac{5\pi}{6}, k\in\mathbf{Z}\right\}$ 时,函数 $y=2\sin\left(x+\frac{\pi}{3}\right)$ 取得最小值,最小值为-2;

(3) 周期为 π

当 $\left\{x \mid x=k\pi+\frac{\pi}{3}, k\in\mathbf{Z}\right\}$ 时,函数 $y=3\sin\left(2x-\frac{\pi}{6}\right)$ 取得最大值,最大值为 3.

当$\{x\mid x=k\pi-\frac{\pi}{6},k\in\mathbf{Z}\}$时，函数 $y=3\sin\left(2x-\frac{\pi}{6}\right)$ 取得最小值，最小值为-3.

（4）周期为 2π

当$\{x\mid x=2k\pi+\frac{\pi}{4},k\in\mathbf{Z}\}$时，函数 $y=\sin x+\cos x$ 取得最大值，最大值为$\sqrt{2}$；

当$\{x\mid x=2k\pi-\frac{3\pi}{4},k\in\mathbf{Z}\}$时，函数 $y=\sin x+\cos x$ 取得最小值，最小值为$-\sqrt{2}$.

习题 6.3

A 组

1. 略.

2. （1）周期为 6π

当$\{x\mid x=6k\pi+\frac{3\pi}{2},k\in\mathbf{Z}\}$时，函数 $y=2\sin\frac{1}{3}x$ 取得最大值，最大值为 2；

当$\{x\mid x=6k\pi-\frac{3\pi}{2},k\in\mathbf{Z}\}$时，函数 $y=2\sin\frac{1}{3}x$ 取得最小值，最小值为-2.

（2）周期为$\frac{2}{3}\pi$

当$\{x\mid x=\frac{2}{3}k\pi+\frac{\pi}{4},k\in\mathbf{Z}\}$时，函数 $y=\frac{1}{2}\sin\left(3x-\frac{\pi}{4}\right)$ 取得最大值，最大值为$\frac{1}{2}$；

当$\{x\mid x=\frac{2}{3}k\pi-\frac{\pi}{12},k\in\mathbf{Z}\}$时，函数 $y=\frac{1}{2}\sin(3x-\frac{\pi}{4})$ 取得最小值，最小值为$-\frac{1}{2}$；

（3）周期为 2π

当$\{x\mid x=2k\pi+\frac{\pi}{6},k\in\mathbf{Z}\}$时，函数 $y=\sin x+\sqrt{3}\cos x$ 取得最大值，最大值为 2.

当$\{x\mid x=2k\pi-\frac{5\pi}{6},k\in\mathbf{Z}\}$时，函数 $y=\sin x+\sqrt{3}\cos x$ 取得最小值，最小值为-2.

（4）周期为 π

当$\{x\mid x=k\pi+\frac{3\pi}{8},k\in\mathbf{Z}\}$时，函数 $y=\sin 2x-\cos 2x$ 取得最大值，最大值为$\sqrt{2}$；

当$\{x\mid x=2k\pi-\frac{\pi}{8},k\in\mathbf{Z}\}$时，函数 $y=\sin 2x-\cos 2x$ 取得最小值，最小值为$-\sqrt{2}$.

B 组

1. （1）$\left[k\pi-\frac{\pi}{4},\ k\pi+\frac{\pi}{4}\right]$，$k\in\mathbf{Z}$；（2）$\left[k\pi-\frac{\pi}{8},\ k\pi+\frac{3\pi}{8}\right]$，$k\in\mathbf{Z}$.

C 组

1. $y=\sin\left(x+\frac{\pi}{6}\right)+1$；2；0；$2\pi$.

2. $y=2\sin\left(2x+\frac{\pi}{6}\right)$.

八、教学反思

6.4 解三角形

一、知识准备

1. 三角函数的定义.
2. 两点间的距离公式.
3. 三角函数的诱导公式.
4. 同角三角函数的基本关系式.
5. 已知三角函数值求角.

二、新知结构(图 6-9)

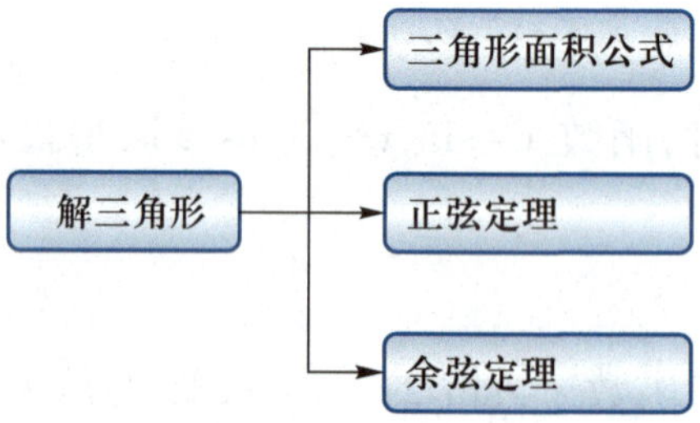

图 6-9

三、教学目标

1. 初步掌握用正弦定理和余弦定理解三角形的方法,提高运用所学知识解决实际问题的能力,进一步强化数学应用意识.

2. 通过推导三角形面积公式、正弦定理和余弦定理的过程,将几何问题转化为代数问题,培养转化、化归的数学思想,提升数学建模、数学抽象、数学运算、逻辑推理等核心素养.

四、重点难点

重点：利用三角形面积公式、正弦定理和余弦定理解三角形.

难点：三角形面积公式、正弦定理和余弦定理的应用.

五、教学提示

1. 在教材 6.4.1 的“情境与问题”栏目中，通过具体实例构建数学模型，由特殊到一般，利用解析法推导出三角形的面积公式，培养学生提出问题、分析和解决问题的能力以及数学抽象、逻辑推理、数学建模等核心素养.

2. 教材 6.4 节例 1 是考查三角形面积公式的具体应用，教学中应该帮助学生理解如何确定对边、邻边、对角、夹角等边角之间的数量关系.

3. 教材 6.4 节例 2 是三角形面积公式的逆用，可以加强对公式的理解，培养学生逆向思维能力.教学中，已知三角函数值求角时，要特别强调需要根据角的取值范围，取舍角的解.

4. 在教材 6.4.2 的“情境与问题”栏目中，通过具体实例构建数学模型，由特殊到一般，根据上节所学三角形面积公式推导出正弦定理，教学中教师可以由复习旧知识引入新课.

5. 用正弦定理可以解决两类解三角形的问题：(1) 已知三角形的两个角和任意一边，求其他两边和另一个角，这种情况下三角形的解只有一组；(2) 已知三角形的两边和其中一边所对角，求其他两角和另一条边，这种情况下可能有一组解，也可能有两组解.

6. 已知三角形的两边和其中一边所对角，解三角形时，先根据正弦定理求出另一边所对的角的正弦值.当正弦值为 1 时，所对的角为 $90°$，此时三角形有一个解；当正弦值大于零、小于 1 时，所对的角有两个，一个是锐角另一个是钝角，此时需要根据三角形成立的条件(如三角形内角和为 $180°$，大边对大角等)来验证这两解是否能使三角形成立.例如，教材例 4 两个题就特别强调了这一知识点.

7. 利用正弦定理解题时，可以在正弦定理中令比例系数等于 k(k 为外接圆的直径)，即 $\frac{a}{\sin A}=\frac{b}{\sin B}=\frac{c}{\sin C}=k$，则有 $a=k\sin A$，$b=k\sin B$，$c=k\sin C$.例如，6.4 节例 5 中就用到了这一结论.

8. 在教材 6.4.3 的“情境与问题”栏目中，延续证明三角形面积公式的方法，利用解析法证明了余弦定理，教师也可以引导学生尝试应用向量法和几何法等多种途径证明余弦定理，以此提高运用所学知识解决实际问题的能力，培养逻辑推理核心素养.

9. 勾股定理是余弦定理的特例，余弦定理是勾股定理的推广，要注意它们的区别与联系.

10. 教师可以让学生观察余弦定理及推论的构成形式，引导学生体会公式所体现的“简洁、和谐、对称”的数学美，并思考利用余弦定理及推论可以解决哪些类型的三角问题.

11. 教材 6.4 节例 7 是应用余弦定理解决“已知三边解三角形”的问题，体现了余弦定理是判断三角形形状的重要方法.

六、问题设计

1. 利用正弦定理和余弦定理分别可以解决哪些类型的解三角形问题?

本题旨在帮助学生理解两个定理的用途,灵活应用公式.

2. 利用余弦定理能否解决"已知两边及一边对角解三角形"的问题?

利用余弦定理可以解决"已知两边及一边对角解三角形"的问题(例:在$\triangle ABC$中,$b=3$,$c=3\sqrt{3}$,$\angle B=30°$,求a),这种情况也可以用正弦定理来解,但用正弦定理求解时可能会漏解,而余弦定理避免了漏解,建议教师引导学生尝试用两种方法解题,并比较两种方法的优缺点.

七、习题答案

练习 6.4.1

1. (1) $10\sqrt{2}$;(2) $\dfrac{\sqrt{3}}{2}$.

2. 60°或 120°.

3. $4\sqrt{3}$

4. $100\sqrt{3}$.

练习 6.4.2

1. 45°或 135°.

2. $4\sqrt{6}$.

3. 75°.

4. 略.

练习 6.4.3

1. (1) $\sqrt{3}$;(2) 7.

2. $\dfrac{\pi}{2}$.

3. (1) 直角三角形;(2) 锐角三角形.

习题 6.4

A 组

1. (1) $6\sqrt{3}$;(2) $9\sqrt{3}$;(3) 24;(4) $\dfrac{\sqrt{3}}{4}$.

2. $2\sqrt{6}$.

3. $\sqrt{6}$;45°.

B 组

1. $10\sqrt{3}$.

2. 3;$\sqrt{5}$.

3. (1) 钝角三角形;(2) 钝角三角形;(3) 等腰三角形.

4. $2\sqrt{15}$.

5. $\sqrt{10}$;$\dfrac{\sqrt{3}}{2}$.

C 组

1. 约 1.90 m.(提示:$\angle CAB=66°20'$)

八、教学反思

6.5 三角计算的应用

一、知识准备

1. 和角公式.
2. 辅助角公式.
3. 正弦型函数的性质.
4. 正弦定理和余弦定理.
5. 已知三角函数值求角.

二、新知结构(图 6-10)

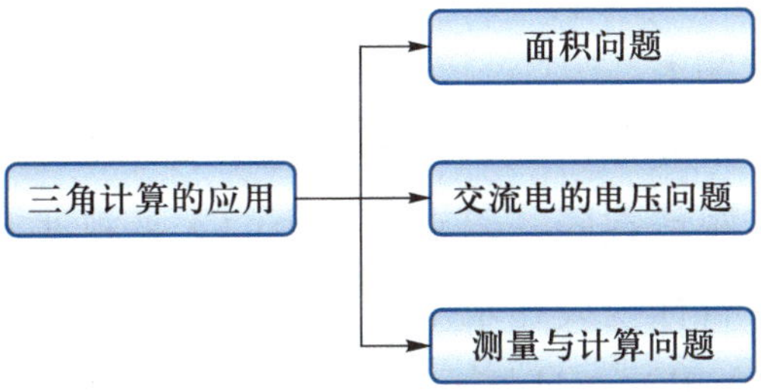

图 6-10

三、教学目标

1. 能够运用三角计算公式、正弦定理、余弦定理解决生产生活中的实际问题.

2. 通过本节实例的学习,学会将实际问题转化为数学问题,实现数学建模,培养数学抽象、数学建模、数学运算、逻辑推理等核心素养.

四、重点难点

重点:运用三角计算公式、正弦定理、余弦定理解决生产生活中的实际问题.

难点:数学建模的数学方法.

五、教学提示

1. 本节的重点是三角计算问题的实际应用,难点是如何在理解题意的基础上将实际问题数学化,实现数学建模.

2. “情境与问题(1)”和练习 6.5 第 2 题都是应用和角公式和正弦型函数的性质来解决实际问题.解决问题的关键是将实际问题数学化,建立以角为自变量的三角函数,然后利用三角函数的性质来解决问题.

3. “情境与问题(2)”是正弦型函数的性质在物理学或电工学中的应用,建议讲解之前先复习一下相关知识.

4. “情境与问题(3)”和“情境与问题(4)”是测量问题,解决这类问题的办法是先将已知条件归结到三角形中,然后根据已知条件,利用正弦定理、余弦定理和三角形的面积公式解决所求问题.

5. 测量问题是解三角形的一种典型的应用,一般有两种位置状态,一种是被测量的图形在水平平面内,另一种是被测量的图形在竖直平面内.尽管实际问题的位置状态不同,但问题实质都是利用有关三角公式解三角形,对不同的状态,要准确理解相关名词的意义,如在水平面内的方向角、方位角等,以及在竖直平面内的仰角、俯角等,建议教师针对这些概念给学生做出适当的补充说明.

6. 实际生活中有关角的概念:

(1) 坡度:斜坡所在的平面和水平面夹角的正切值.

(2) 方向角:一般是指以观测者的位置为中心,将正北或正南方向作为起始方向旋转到目标方向线所成的角(一般指锐角).

(3) 方位角:是从某点的指北方向线起依顺时针方向至目标方向线间的水平夹角.

(4) 俯角和仰角:与目标视线在同一铅直平面内的水平视线和目标视线的夹角,目标视线在水平视线上方时称为仰角,目标视线在水平视线下方时,称为俯角.

7. 本节内容主要介绍了应用三角计算知识解决生产生活中的实际问题的方向,解此类问题的大致步骤如下:

(1) 分析：准确理解题意，分清已知与所求，画出示意图.

(2) 建模：根据已知条件和求解目标，建立三角函数关系式或解三角形的数学模型.

(3) 求解：通过合理运用三角计算、正弦定理、余弦定理等有关知识求得数学模型的解.

(4) 检验：检验上述所求的解是否符合实际要求，从而得出实际问题的解.

8. 正弦型函数的性质及解三角形的知识在实际生活中应用比较广泛，教学中可以根据本校专业特点，给学生补充一些与专业有关的应用题目，拓展学生的视野，学以致用.

六、问题设计

1. 三角计算在日常生活中可以解决哪些实际问题？

本题旨在帮助学生了解三角计算知识在实际生活中的应用，可以仿照教材中“情境与问题”举例.

2. 能否简单描述一下应用三角计算解决生产生活实际问题的大致步骤？

本题旨在帮助学生了解数学建模的方法，学会将实际问题转化为数学问题，可以参照“教学提示”7.

七、习题答案

练习 6.5

1. $10\sqrt{2}$.

2. 当矩形的长和宽都为$\sqrt{2}R$时，矩形的面积最大，最大面积为$2R^2$.

习题 6.5

A 组

1. 当矩形的长是$\sqrt{2}R$，宽是$\frac{\sqrt{2}}{2}R$时，矩形有最大面积，最大面积是R^2.

2. 7 km.

3. $25\sqrt{2}$ km.

B 组

1. $\frac{\pi}{12}$或$\frac{5\pi}{12}$.

2. $10(\sqrt{3}+1)$ m.

C 组

1. $60\sqrt{6}$.

2. $AD=24$ n mile，$CD=8\sqrt{3}$ n mile.

八、教学反思

复习题 6 答案

A 组

一、1. A.

2. B.

3. C.

4. B.

5. A.

6. D.

7. A

8. D

9. D

10. B

二、11. $-\sqrt{3}$.

12. $\{x \mid x=\frac{3\pi}{8}+k\pi, k\in \mathbf{Z}\}$.

13. 49.

14. $\frac{\pi}{6}$.

三、15. $\frac{19}{32}$.

16. $\left(\frac{3-4\sqrt{3}}{2},\frac{4+3\sqrt{3}}{2}\right)$.

17. $-\frac{3}{5}$.

18. (1) $\sqrt{2}$, $-\sqrt{2}$, π.

（2）当$\{x\mid x=k\pi+\frac{\pi}{8},k\in\mathbf{Z}\}$时，函数取得最大值$\sqrt{2}$；当$\{x\mid x=k\pi-\frac{3\pi}{8},k\in\mathbf{Z}\}$时，函数取得最小值$-\sqrt{2}$.

（3）单调增区间为$[k\pi-\frac{3\pi}{8},k\pi+\frac{\pi}{8}]$，$k\in\mathbf{Z}$；单调减区间为$[k\pi-\frac{3\pi}{8},k\pi+\frac{\pi}{8}]$，$k\in\mathbf{Z}$.

B 组

1. $\frac{16}{65}$.

2. $\frac{2}{3}\sqrt{2}$.

3. $5\sqrt{6}$.

4. （1）$f(x)=2\sin\left(2x-\frac{\pi}{3}\right)$；（2）$\left[\frac{\pi}{4}+k\pi,\frac{7\pi}{12}+k\pi\right]$，$k\in\mathbf{Z}$.

5. $\sqrt{5}$.

C 组

1. $\frac{-4+\sqrt{2}}{6}$.

2. （1）3；$\frac{3}{4}$.

（2）当$x=\frac{\pi}{6}$或$\frac{5\pi}{6}$时，函数有最小值$\frac{3}{4}$；当$x=\frac{3\pi}{2}$时，函数有最大值3.

3. 等边三角形.

Ⅳ　教案示例

两角和与差的余弦公式

一、教学目标

1. 知道两角差的余弦公式的推导过程，会由两角差的余弦公式推导两角和的余弦公式，会用两个公式进行求值、化简和证明.

2. 通过引导学生探索、发现并推导公式，逐步培养学生分析问题、解决问题、合作交流的能力，通过公式的运用，使学生掌握求值和化简的各种方法，从而培养学生的数学抽象、逻辑推理和数学运算的核心素养.

3. 通过公式推导，引导学生发现数学规律，逐步培养学生的创新意识和探究精神，从而提高学习数学的兴趣.

二、教学重难点

重点：两角和与差的余弦公式的灵活应用.

难点：两角差余弦公式的推导过程.

三、教学策略

1. 教学理念：先学后教、以学定教.

2. 教法学法：

（1）学法：自主探究小组合作.

（2）教法：任务驱动法.

3. 资源整合：

（1）课前、课中、课后微课辅助教学，有效地突出重点，突破难点.

（2）网络平台云班课：创造可观、可学、可测、可交流的学习环境.

（3）利用即时通信软件即时交流所思所想.

四、教学过程（表 6-3）

表 6-3

教学环节	教学内容	双边活动	设计意图
情境导入	1. 回顾在《数学基础模块（上册）》中学过的诱导公式. 2. 播放两角和与差的公式推导历史的微视频. 3.（1）角 α 与单位圆交点的坐标. （2）两点间的距离公式	通过微视频和《数学（基础模块）》所学创建情境，逐步引导学生通过知识迁移学习新知，问题情境引入新课	了解公式的历史渊源，感知公式推导的发展历程，体会数学文化的内涵，激发学生的学习热情

续表

教学环节	教学内容	双边活动	设计意图
讲授新知	一、公式推导 如下图所示，设单位圆与 x 轴的交点为 P_1，角 α、β 和 $\beta-\alpha$ 的终边与单位圆分别交于点 P_2、P_3 和 P_4，则点 P_1、P_2、P_3、P_4 的坐标分别为 $(1,0)$、$(\cos\alpha,\sin\alpha)$、$(\cos\beta,\sin\beta)$、$(\cos(\beta-\alpha),\sin(\beta-\alpha))$. 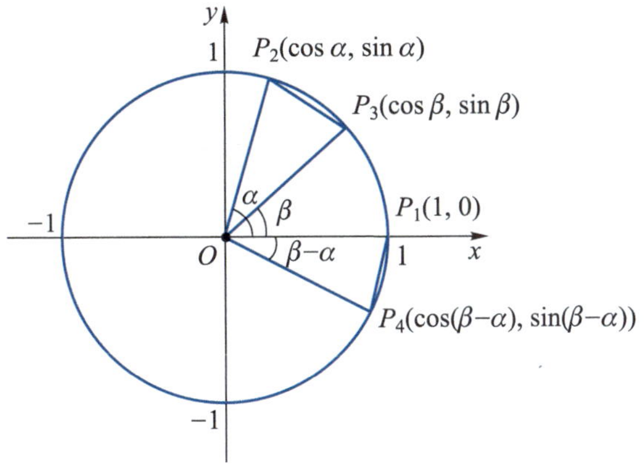 当 P_2、O、P_3 不在同一条直线上时， 因为 $\angle P_2OP_3=\angle P_4OP_1=\alpha-\beta$， 且 $\|OP_1\|=\|OP_2\|=\|OP_3\|=\|OP_4\|=1$， 所以 $\triangle P_2OP_3\cong\triangle P_1OP_4$， 从而 $\|P_2P_3\|=\|P_1P_4\|$； 当 P_2、O、P_3 在同一条直线上时，容易看出也有 $\|P_2P_3\|=\|P_1P_4\|$. 根据两点之间的距离公式可得， $\sqrt{(\cos\beta-\cos\alpha)^2+(\sin\beta-\sin\alpha)^2}=$ $\sqrt{[\cos(\beta-\alpha)-1]^2+[\sin(\beta-\alpha)-0]^2}$， 整理可得， $\cos(\beta-\alpha)=\cos\beta\cos\alpha+\sin\beta\sin\alpha$ 由诱导公式 $\cos(-\alpha)=\cos\alpha$ 得 $\cos(\alpha-\beta)=\cos\alpha\cos\beta+\sin\alpha\sin\beta$ 在上式中，以 $-\beta$ 代替 β，得到 $\cos(\alpha+\beta)=\cos[(\alpha-(-\beta)]$ $=\cos\alpha\cos(-\beta)+\sin\alpha\sin(-\beta)$ $=\cos\alpha\cos\beta-\sin\alpha\sin\beta$. 于是，得到两角和与差的余弦公式如下： $\cos(\alpha+\beta)=\cos\alpha\cos\beta-\sin\alpha\sin\beta$　$C_{\alpha+\beta}$ $\cos(\alpha-\beta)=\cos\alpha\cos\beta+\sin\alpha\sin\beta$　$C_{\alpha-\beta}$	1. 教师介绍利用解析法解决问题的方法，引导学生建系设角，师生根据三角函数的定义共同写出各点的坐标. 2. 教师可以借助 PPT 直观展示. 3. 引导学生发现解决问题的方法	1. 引导学生利用解析法推导两角差的余弦公式，让学生理解利用解析法解决问题的思路. 2. 在教学过程中潜移默化地提升学生的数学抽象、逻辑推理、数学运算等核心素养

续表

教学环节	教学内容	双边活动	设计意图
例题讲解	二、典型例题 **例 1** 求 $\cos 15°$的值. **解** $\cos 15°=\cos(45°-30°)$ $=\cos 45°\cos 30°+\sin 45°\sin 30°$ $=\frac{\sqrt{2}}{2}\times\frac{\sqrt{3}}{2}+\frac{\sqrt{2}}{2}\times\frac{1}{2}=\frac{\sqrt{6}+\sqrt{2}}{4}$. **例 2** 已知 $\sin\alpha=\frac{3}{5}$, $\cos\beta=\frac{5}{13}$,并且 α 和 β 都是第一象限角,求 $\cos(\alpha+\beta)$的值. **解** 因为 $\sin\alpha=\frac{3}{5}$, $\cos\beta=\frac{5}{13}$,并且 α 和 β 都是第一象限角,所以 $\cos\alpha=\sqrt{1-\sin^2\alpha}=\frac{4}{5}$, $\sin\beta=\sqrt{1-\cos^2\beta}=\frac{12}{13}$. 因此 $\cos(\alpha+\beta)=\cos\alpha\cos\beta-\sin\alpha\sin\beta$ $=\frac{4}{5}\times\frac{5}{13}-\frac{3}{5}\times\frac{12}{13}=-\frac{16}{65}$. **例 3** 证明:$\cos\left(\frac{\pi}{2}-\alpha\right)=\sin\alpha$. **证明** 因为 $\cos\left(\frac{\pi}{2}-\alpha\right)=\cos\frac{\pi}{2}\cos\alpha+\sin\frac{\pi}{2}\sin\alpha$ $=0\cdot\cos\alpha+1\cdot\sin\alpha=\sin\alpha$. 所以,$\cos\left(\frac{\pi}{2}-\alpha\right)=\sin\alpha$.	1. 教师引导学生合作学习,利用公式自主完成三个题目. 2. 教师巡视,发现问题,师生共同纠错. 3. 例 2 中,提醒学生注意已知角的一个三角函数值求其他三角函数值时,要根据角的取值范围确定三角函数值的符号	1. 通过例 1 和例 2 的讲解,让学生感受两角和与差的正弦公式的简单应用. 2. 通过例 3 让学生知道诱导公式是和角公式的特例. 3. 注意观察学生对三角相关知识的理解,及时了解学生对知识的掌握情况,培养学生综合运用知识的能力
巩固练习	1. 求下列各式的值 (1) $\cos 105°$ (2) $\cos 75°\cos 15°+\sin 75°\sin 15°$ 2. 已知 $\cos\alpha=-\frac{4}{5}$,且 α 是第三象限角,求 $\cos\left(\frac{\pi}{6}+\alpha\right)$, $\cos\left(\frac{\pi}{6}-\alpha\right)$	教师巡视学生练习	旨在巩固公式的灵活应用,提高学生的运算能力,落实教学运算核心素养

续表

教学环节	教学内容	双边活动	设计意图
课堂小结	1. 两角和与差的余弦公式 $\cos(\alpha+\beta)=\cos\alpha\cos\beta-\sin\alpha\sin\beta \quad C_{\alpha+\beta}$ $\cos(\alpha-\beta)=\cos\alpha\cos\beta+\sin\alpha\sin\beta \quad C_{\alpha-\beta}$ 2. 两个公式所解决的题型	师生共同总结回归所学	培养学生总结反思学习过程的能力
作业	练习 6.1.1 第 1、2、3 题	可以录制相应视频帮助学生理解	巩固知识 内化提升

V 素养拓展

刘徽与《海岛算经》

刘徽（约公元 225 年—295 年），今山东滨州邹平市人，魏晋期间伟大的数学家，他完成的不朽杰作——《九章算术注》和《海岛算经》，全面补充证明了《九章算术》的公式和解法，是中国最宝贵的数学遗产之一.

魏景元四年（公元 263 年），刘徽编著了《九章算术注》.在注释勾股章时，他发现书中关于测量问题的介绍有不足之处，就编撰了专门论述测量问题的《重差》一卷，列于《九章算术注》之末.后来到唐朝时，《重差》一卷另行单本，改称为《海岛算经》，是著名的十部算经之一.这部书是中国最早的一部测量学著作.有人曾指出，《海岛算经》让中国的测量学达到了巅峰，直到大约 1 400 年后，欧洲才出现了类似的测量学，可见古代中国测量学的先进.这部书一共有九个关于测量计算高、远、深、广的问题，且都是采用表尺从不同的位置测望，然后取得这些测望值的差距，通过这些差距再来计算山高等距离问题.《海岛算经》的所有问题都利用了两次或多次测望所得的数据来推算可望而不可即的目标的高、深、广、远，它在测量问题的研究方法上取得了卓越的成就，因其第一题是测量海岛的高和远而得名.其第一题“海岛测望”，题目如下：

今有望海岛，立两表齐，高三丈，前后相去千步，令后表与前表相直.从前表却行一百二十三步，人目着地取望岛峰，与表末参合.从后表却行一百二十七步，人目着地取望岛峰，亦与表末参合.问岛高及去表各几何？

下面我们将这道题结合图形用现代语言来描述，题意大致为：

立两个 10 m（三丈 = 10 m）高的标杆（“表”通“标”），之间距离为 1 000 步，从第一个标杆后退 123 步，从地上仰望岛峰，人眼、标杆顶部和山顶三点共线；从后面的一个标杆后退 127 步，从地上仰望岛峰，人眼、标杆顶部和山顶为三点也共线.

如图 6-11 所示，标杆 $AB=10$ m，$CD=10$ m，$AD=1\ 000$ 步，$AF=123$ 步，$DE=127$ 步，设海岛高为 H，第一个标杆 AB 与海岛的距离为 L，即 $PQ=H$，$AQ=L$.

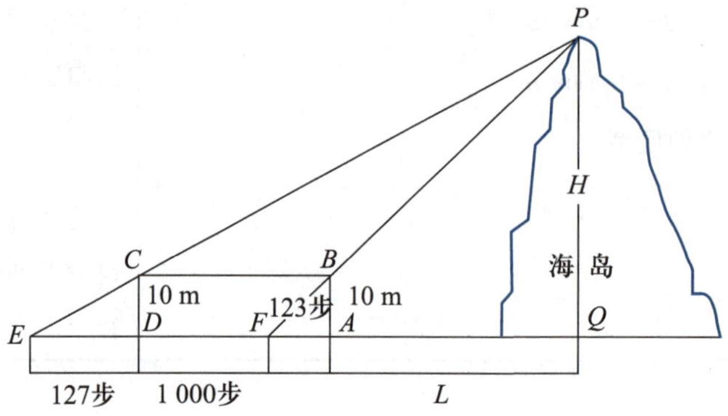

图 6-11

根据相似三角形的知识可以得到：$\triangle ABF \backsim \triangle QPF$，

所以，$\dfrac{AF}{QF}=\dfrac{AB}{QP}$，　所以，$\dfrac{AF}{AB}=\dfrac{QF}{QP}$

即 $\dfrac{123\text{ 步}}{10\text{ m}}=\dfrac{123\text{ 步}+L}{H}$　　①

同理，$\triangle DCE \backsim \triangle QPE$，

所以，$\dfrac{DE}{QE}=\dfrac{DC}{QP}$，　所以，$\dfrac{DE}{DC}=\dfrac{QE}{QP}$

即 $\dfrac{127\text{ 步}}{10\text{ m}}=\dfrac{1\ 127\text{ 步}+L}{H}$　　②

联立①②两式，可解得

$$L=30\ 750\text{ 步},H=2\ 510\text{ m}$$

故海岛的高为 2 510 m，第一个标杆距离海岛 30 750 步.

可以看到，解决上题的方法是：先用标尺重复从不同位置测望，取测量所得的差数，然后计算，从而求得山高或谷深，这就是刘徽的重差理论.

学习了本章知识以后，我们可以通过解三角形的方法来求得海岛的高和标杆距离海岛的远.请同学试一试.

第7章 数 列

I 教学要求

一、教学目标

能够结合生活中的实例,抽象出数列的概念,并通过分析数列项的序号与项的对应关系,总结出数列的通项公式的定义;掌握等差数列和等比数列的概念,并能用定义推导出通项公式;了解用倒序相加法推导等差数列前 n 项和公式,用错位相减法推导等比数列前 n 项和公式的方法;能建立等差数列或等比数列的数学模型解决生活中的实际问题.

经历从国内生产总值及其增长速度统计图、建筑珍品——天坛、国庆献花展台、古代数学著作《孙子算经》等具体实例中抽象出数列及其相关概念的过程,感受并认识数列的重要作用,能主动地将数学知识与实际问题相结合,提高构建数列模型解决实际问题的能力,培养数学运算、逻辑推理、数学抽象、数学建模等核心素养,并在解决实际问题的过程中体会数列知识在工农业生产及经济生活中的广泛应用.

结合教材中融入的我国改革开放的巨大成就、历史文化、创新创业和职业素养等元素,逐步培养学生勇于探索、实事求是的品格和勇于创新、精益求精的生活态度.

二、课程内容与学时建议

本章教学约需 14 学时,具体分配建议见表 7-1.

表 7-1

内容	内容要求	学时建议
7.1 数列的概念	了解数列及有关概念;理解数列的通项公式	2
7.2 等差数列	了解等差数列的概念;了解等差数列前 n 项和公式的推导过程;掌握等差数列的通项公式及前 n 项和公式	4
7.3 等比数列	了解等比数列的概念;了解等比数列前 n 项和公式的推导过程;掌握等比数列的通项公式及前 n 项和公式	4

续表

内容	内容要求	学时建议
7.4　等差数列与等比数列的应用	初步掌握从实际情境中抽象出等差数列和等比数列模型解决简单实际问题的方法	2
机动	习题课、复习课、测试等	2

Ⅱ　评价建议

一、水平层次(表 7-2)

表 7-2

学业水平描述	
水平一	水平二
在熟悉的单一情境中： 1. 能体会数列及有关概念的抽象过程；会抽象数列前几项的特征，推出满足条件的一个通项公式，会用通项公式求数列的某一项； 2. 能体会等差数列及有关概念的抽象过程，知道等差数列通项公式的归纳过程和前 n 项和公式的推导过程；能直接利用等差数列的通项公式和前 n 项和公式进行简单的计算； 3. 能体会等比数列及有关概念的抽象过程，了解等比数列通项公式的归纳过程和前 n 项和公式的推导过程；能直接利用等比数列的通项公式和前 n 项和公式进行简单的计算	在熟悉的关联情境中： 1. 达到水平一的 1—3； 2. 会推导等差数列、等比数列的前 n 项和公式； 3. 能通过数学建模，解决简单的与等差数列、等比数列有关的实际问题

二、样题举例

1. 已知数列 1,3,6,10,x,21,28,…，根据该数列已知项的规律可知 x 的值为(　　).

A. 12　　B. 15　　C.17　　D. 19

说明：此题旨在考查学生是否会抽象数列前几项的特征，写出数列中的某一未知项.完成此题可以视为达到一级水平.

2. 数列 0,2,4,6,…的一个通项公式为________.

说明：此题旨在考查学生是否会抽象数列前几项的特征，推出满足条件的一个通项公式.完成此题可以视为达到一级水平.此类题目有助于提高学生观察分析、总结归纳的能力.

3. 等差数列 $\{a_n\}$ 中，$a_1=14$，$d=2$，$a_n=32$，求 S_n 的值.

说明：此题旨在考查学生利用等差数列的通项公式和前 n 项和公式进行简单的计算.完成此题可以视为达到水平一.

4. 设$\{a_n\}$是等比数列，若$a_3=-4,a_4=8$，求q与S_6.

说明：此题旨在考查学生利用等比数列的通项公式和前n项和公式进行简单的计算.也可利用等比数列的定义，直接求出公比.完成此题可以视为达到水平一.

5. 我国古代数学名著《九章算术》中有如下“竹九节”问题：现有一根9节的竹子，自上而下各节的容积成等差数列，且上面4节的容积共3 L，下面3节的容积共4 L，则第5节的容积为______ L，9节竹的容积共______ L.

说明：此题旨在通过数学文化，让学生进行数学建模，解决简单的与等差数列通项公式与前n项和公式有关的实际问题，提高学生的化归与转化能力.完成此题可以视为达到水平二.

6. 为防风固沙，某林场要扩大植树面积，第一年植树100亩.

(1) 如果以后每年比上一年多植树10亩，那么5年后该林场共植树多少亩？

(2) 如果以后每年比上一年多植树10%，那么5年后该林场共植树多少亩？

说明：此题旨在考查通过数学建模，解决简单的与等差数列前n项和公式、等比数列前n项和公式有关的实际问题.同时渗透防风固沙，生态文明教育，提高学生的环保意识.完成此题可以视为达到水平二.

三、评价方法

1. 本章主要内容包括数列的概念、等差数列和等比数列及两类数列的应用.教学中，可以组织学生建立学习小组，搜集生活与专业学习中的实例，说一说，谈一谈.通过对具体例子的观察分析，培养学生由特殊到一般的归纳能力、观察能力和抽象概括能力，使学生在发现问题、分析问题、解决问题的过程中掌握知识，加深对知识的理解.

2. 教学时，可以通过课堂检测、抢答游戏、定时训练、课堂提问、想一想、试一试等环节对学生的课堂学习效果进行检验，同时借助教材上的“知识巩固”“能力提升”“学以致用”和练习册上的练习题来考查学生对于知识的掌握程度.在本章节的学习完成后，可采用传统的章节测验或在线测试进行评价.

Ⅲ 教学建议

7.1 数列的概念

一、知识准备

1. 搜集生活中一列数字的实例.

2. 发现一列数的规律，并能根据规律写出其中的某一项.

二、新知结构(图 7-1)

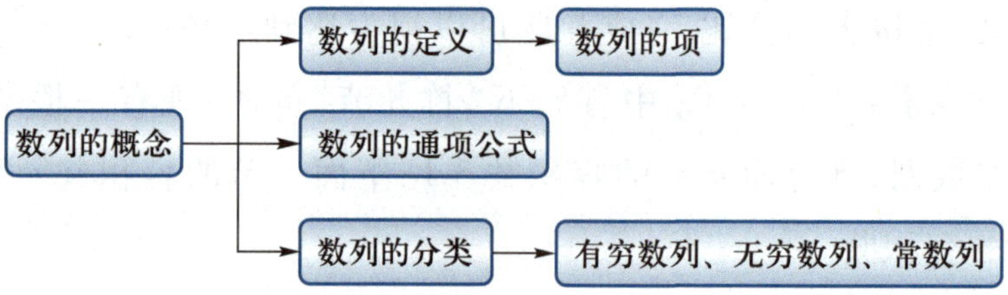

图 7-1

三、教学目标

1. 了解数列及有关概念,能体会数列及有关概念的抽象过程.

2. 理解数列的通项公式的含义,能够根据通项公式写出数列的任意一项;对于有通项公式的数列,也会根据该数列的前几项写出它的一个通项公式.

3. 在融入思政元素的情境中,体验数学建模过程,增强家国情怀.

四、重点难点

重点:数列的通项公式及其应用.

难点:根据数列的前几项写出该数列的一个通项公式.

五、教学提示

1. 教材通过国内生产总值及其增长速度统计分析图引入数列和数列的项的概念,引导学生感受数列是刻画自然规律的数学模型.紧接着围绕统计分析图中的数据引出 3 个数列,分析归纳出数列的定义,并根据具体数列讲解数列的项、通项公式及数列的分类等相关概念.教师在讲解时应强调,在一个数列中,某项在数列中的项数 n 一经确定,这一项就唯一确定了.

2. 要强调数列中数的有序性,可采用与集合元素的无序性相对比的方法讲授.如$\{4,5,6,7,8,9,10\}$和$\{10,9,8,7,6,5,4\}$是两个相同的集合,而 4,5,6,7,8,9,10 与 10,9,8,7,6,5,4 是两个不同的数列,尽管组成数列的数是相同的,但排列次序不同,就是不同的数列.

3. 结合实例,让学生明确数列的项与项数之间的对应关系,归纳、猜想出数列的通项公式.这是教学的难点,建议在讲解时由浅入深,由有限项到无限项,引导学生发现规律.

4. 应使学生注意的是,并不是所有的数列都能写出它的通项公式,例如,数列 1,1.4,1.41,1.414,…就没有通项公式.有的数列的通项公式,也可能不止一个.有时存在通项公式的表达形式不同,而实质表示的是同一个数列的情况.

5. 例 1 是依据通项公式求数列的前 5 项,讲解时应强调可以根据数列通项公式求任意一项.例 2 是对本节难点内容的练习,要求对比较简单的数列,会根据前几项的特征写出它的一个通项公式.例 3 是借助通项公式判断某数是否是数列中的项,而例 4 是让学生了解数列的递推公式,其中“想一想”“温馨提示”又为下一节等差数列的学习做铺垫.

6. “拓展延伸”中借助兔子繁殖引入斐波那契数列,通过知识延伸,引导学生要善于学习与归纳,用数学思维思考世界,用数学眼光观察世界,用数学语言表达世界.

7. 习题7.1A组【知识巩固】共3个题.其中,第1题要求学生根据数列已知项,写出该数列的一个通项公式;第2题旨在要求学生能够根据数列通项公式写出具体的项;第3题,判断某数是否是数列中的项,以上3题是一级水平要求.习题7.1B组【能力提升】共2个题.其中,第1题是根据数列的递推公式求数列中具体的项,这是二级水平要求.习题7.1C组【学以致用】共3个题.其中,第3题是利用二次函数性质分析数列,让学生了解数列是一种特殊函数的一列函数值.也就是说,数列是定义域为正整数集 $\mathbf{N}^*$(或它的子集)的函数 $f(n)$.当自变量 n 依次取 $1,2,3,\cdots,n,\cdots$ 时,对应的一列函数值 $a_1=f(1),a_2=f(2),a_3=f(3),\cdots,a_n=f(n),\cdots$ 就构成数列.

六、问题设计

1. 是否所有的数列都能写出通项公式?

通过该问题的设置,让学生明白有的数列没有通项公式,有的数列通项公式并不唯一.

2. 根据已知项的规律,你能写出数列 $-1,1,-1,1\cdots$ 的一个通项公式吗?

通过这个数列前4项呈现的规律,求出一个通项公式 $a_n=(-1)^n$.教师在提出和解决这个问题时,要与例1(2)小题相结合,对于这类数列的表达式要求学生能够理解并记忆.教师在讲解时,也可引导学生写出这个数列的多个通项公式,通过对比选择最简表达式.同时建议在本节例1后提出此问题,从而为解决例2(3)小题作铺垫.

七、习题答案

练习7.1

1. (1) ×; (2) ×.

2. (1) 10^4 10^n; (2) 16 n^2.

3. (1) $a_1=1,a_2=2,a_3=3,a_4=4,a_5=5$; (2) $a_1=2,a_2=6,a_3=12,a_4=20,a_5=30$.

4. 解:当 $n=1$ 时,$a_1=2\times1-3=-1$;当 $n=2$ 时,$a_2=2\times2-3=1$;当 $n=3$ 时,$a_3=2\times3-3=3$;当 $n=4$ 时,$a_4=2\times4-3=5$;当 $n=5$ 时,$a_5=2\times5-3=7$;其中相邻两项中后一项与前一项的差为2.

习题7.1

A组

1. (1) $\dfrac{4^2-1}{6},\dfrac{(n+1)^2-1}{2n}$; (2) 3,3.

2. (1) 解:当 $n=1$ 时,$a_1=(-1)^1\times1=-1$;当 $n=2$ 时,$a_2=(-1)^2\times2=2$;当 $n=3$ 时,$a_3=(-1)^3\times3=-3$;当 $n=4$ 时,$a_4=(-1)^4\times4=4$;当 $n=5$ 时,$a_5=(-1)^5\times5=-5$.

(2) 解:当 $n=1$ 时,$a_1=3\times1+2=5$;当 $n=2$ 时,$a_2=3\times2+2=8$;当 $n=3$ 时,$a_3=3\times3+2=11$;

当 $n=4$ 时，$a_4=3\times4+2=14$；当 $n=5$ 时，$a_5=3\times5+2=17$.

3. 分析：因为 $a_n=2n+1$，要判断 13 与 16 是否是该数列中的项，只需要令 $2n+1=13$ 与 16，求出 n 的值，通过判断 n 是否为正整数判断 13 与 16 是否是数列中的项.

解：设 13 是数列 $\{a_n\}$ 的第 n 项，将 13 代入数列的通项公式 $a_n=2n+1$ 中，得 $2n+1=13$，解得 $n=6$，因此 13 是数列 $\{a_n\}$ 中的项，并且是第 6 项. 同理，可设 16 是数列 $\{a_n\}$ 中的项，即 $2n+1=16$，解得 $n=7.5$，因为 7.5 不是正整数，所以 16 不是该数列中的项.

B 组

1. 解：因为 $a_1=3$，$a_n=2a_{n-1}+1(n\geqslant2, n\in\mathbf{N}^*)$

所以，当 $n=2$ 时，$a_2=2\times3+1=7$；当 $n=3$ 时，$a_3=2\times7+1=15$；当 $n=4$ 时，$a_4=2\times15+1=31$；当 $n=5$ 时，$a_5=2\times31+1=63$.

2. $a_n=\dfrac{1}{2^n}$

令 $\dfrac{1}{2^n}=\dfrac{1}{128}$，$2^n=128$，即 $2^n=2^7$，所以 $n=7$，即 128 是该数列中的第 7 项.

C 组

1. B.

2. 分析：因为 $a_n=\dfrac{n-1}{n+2}$，要判断 0.41 与 0.97 是否是该数列中的项，所以只需令 $\dfrac{n-1}{n+2}=0.41$ 与 0.97，且判断此时 n 是否为正整数即可.

解：令 $\dfrac{n-1}{n+2}=0.41$，$n\approx3.08$，不是正整数，所以 0.41 不是该数列中的项；

令 $\dfrac{n-1}{n+2}=0.97$，$n=98$，是正整数，所以 0.97 是该数列中的第 98 项.

3. 解：因为 $a_n=2n^2-13n+7$，

$$=2n^2-13n+7$$

$$=2\left(n^2-\frac{13}{2}n\right)+7$$

$$=2\left(n-\frac{13}{4}\right)^2-\frac{169}{8}+7$$

所以当 $n=3$ 时，a_3 的值最小，且 $a_3=2\times3^2-13\times3+7=-14$.

八、教学反思

7.2 等差数列

一、知识准备

1. 数列的概念.

2. 数列的通项公式.

二、新知结构(图 7-2)

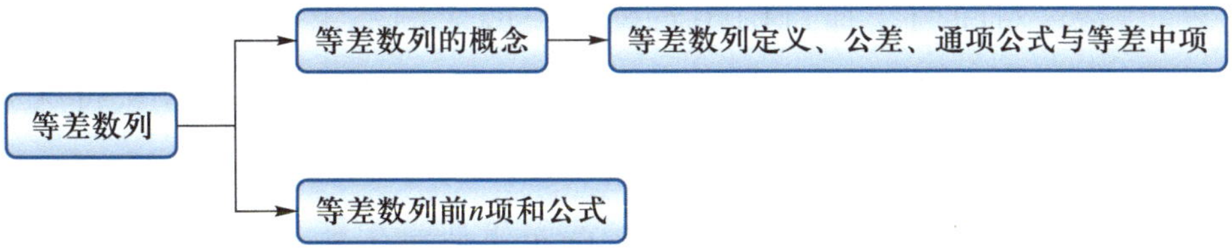

图 7-2

三、教学目标

1. 了解等差数列的概念,了解等差数列前 n 项和公式的推导过程,掌握等差数列的通项公式及前 n 项和公式.

2. 能够通过具体实例,发现、总结等差数列及公差的概念;理解并掌握等差数列前 n 项和公式,并能应用公式解决简单的问题.

3. 结合古建筑天坛、国庆展台等情境,学会观察、归纳、分析、综合推理.通过建模思想的构建,由特殊到一般的数学归纳,提升数学核心素养.

四、重点难点

重点:等差数列的概念,通项公式及前 n 项和公式.

难点:等差数列概念的理解,通项公式及前 n 项和公式的推导和应用.

五、教学提示

1. 教材的"情境与问题"介绍了中国古建筑天坛中的圜丘坛,通过组成坛面的石块数量引出等差数列和公差的概念,旨在提升学生的爱国情怀,培养学生的观察分析、归纳猜想以及应用数学知识解决实际问题的能力.

2. 等差数列的通项公式与前 n 项和公式的推导都离不开等差数列的定义,因此,教学要紧扣定义开展.在讲解等差数列的概念时,应着重强调两点:(1)"从第二项起",这是为了保证"每一项"都有"前一项";(2)每一项与它的前一项的差必须是同一个常数,因为"同一个常数”体现了等差数列的基本特征，这一点可以借助练习 7.2.1 的第 1 题加深理解.同时，要提醒学生注意计算公差时不能把相邻两项相减的顺序颠倒.而当 $d=0$ 时，等差数列是常数列.

3. 在推导等差数列通项公式时，让学生亲身经历“不完全归纳法”这一研究过程；教学中需强调：a_1 和 d 是等差数列的两个要素，这两个要素确定了，这个等差数列就唯一确定了.

4. 例 1、例 2 是运用等差数列的通项公式解决实际的数学问题，体现方程的思想.在教学过程中让学生体会等差数列的首项 a_1、公差 d、项数 n 和第 n 项 a_n 可以“知三求一”，体现等差数列的通项公式在这一节中的重要地位.例 3 主要让学生了解，如果三个数成等差数列，且已知三个数的和，利用对称性设这三个数分别为 $a-d$，a，$a+d$，计算比较方便.

5. 通过例 3 引出等差中项的定义，而等差中项公式的推导要依据等差数列的定义，同时强调 A 是 a、b 的等差中项的充要条件为 $2A=a+b$，可结合练习 7.2.1 的练习 5 加深理解.

6. 7.2.2 节的“情境与问题”，通过国庆布置展台的实例给出一个特殊的等差数列求和问题，教材引导学生借助几何图形为倒序相加法提供了一个直观模型.接着从特殊到一般，推导出等差数列的前 n 项和公式(7-2).

7. 在推导等差数列前 n 项和公式(7-2)时，首先要让学生明白在等差数列中，$a_1+a_n=a_2+a_{n-1}=a_3+a_{n-2}=\cdots=a_{n-1}+a_2=a_n+a_1$，然后再进行推导.推导出公式(7-2)后，可以让学生结合等差数列的通项公式，自行推导等差数列的等差数列前 n 项和公式(7-3).

8. 例 4、例 5 以及练习 7.2.2 是巩固性练习，目的是让学生学会根据条件灵活选择合适的前 n 项和公式解题.通过这些练习，引导学生体会：等差数列的两个前 n 项和公式共涉及五个变量 a_1、d、n、a_n 和 S_n，已知其中三个量，就可以求出另外两个变量.

9. 习题 7.2　A 组【知识巩固】第 1 题是对等差数列概念的巩固；第 2 题考查等差数列的通项公式，公差与等差中项的概念；第 3 题、第 4 题、第 5 题是直接利用等差数列的通项公式和前 n 项和公式进行简单的计算，完成这些习题则达到一级水平. B 组【能力提升】题目问题稍显复杂，在知识、能力等方面的要求稍高，属学业水平二级要求.C 组【学以致用】是通过等差数列通项公式与一元二次方程等知识相融合，应用上更加灵活.

六、问题设计

1. 已知一个等差数列的某一项与公差，如何表示出其他的项？

这个问题是等差数列通项公式的灵活应用，可以根据此问题引导学生总结、归纳出相关性质.

2. 求 100 以内所有正整数的和，即 $1+2+3+\cdots+99+100=?$

该问题学生耳熟能详，这一问题的提出为使用倒叙相加法推导公式做了基础示范，化解难点，增强学生对公式推导过程的理解.

七、习题答案

练习 7.2.1

1. (1) ×；(2) ×；(3) √公差为 0；(4) ×；(5) √ 公差为−3.

2. （1）8；（2）-1；（3）$a_1=20$.

3. $a_1=-1$，$d=3$，$a_{20}=56$.

4. 2，4，6 或 6，4，2.

5. （1）8；（2）-2.

练习 7.2.2

1. （1）$S_{100}=\dfrac{100\times(a_1+a_{100})}{2}$；（2）$S_{100}=100a_1+\dfrac{100\times(100-1)}{2}d$；（3）30.

2. $S_{20}=1\ 030$.　3. $S_{10}=\dfrac{65}{2}$.　4. $S_{20}=230$.

习题 7.2

A 组

1. （1）√ 公差为 3；（2）×；（3）×；（4）√ 公差为 0.

2. （1）96；（2）5；（3）12，0.

3. $a_6=21$.　4. $S_n=230$.　5. 26.

B 组

1. 7 .

2. 2.

3. 4.

4. 12.

C 组

1. $\dfrac{5}{3}$.

2. 150.

3. $a_1=2$；$a_n=4n-2$.

4. 570.

八、教学反思

7.3 等比数列

一、知识准备

1. 等差数列的概念以及通项公式.

2. 等差数列前 n 项和公式.

二、新知结构(图 7-3)

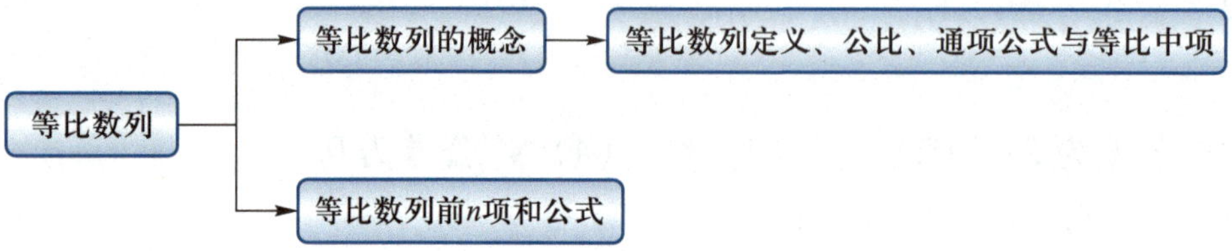

图 7-3

三、教学目标

1. 了解等比数列的概念,了解等比数列前 n 项和公式的推导过程,掌握等比数列的通项公式及前 n 项和公式.

2. 能够通过具体实例,发现并总结等比数列及公比的概念;理解并掌握等比数列前 n 项和公式,了解公式的推导过程,并能应用公式解决简单的问题.

3. 通过中国古代数学著作《孙子算经》中的趣题、棋盘麦粒故事等情境,培养建模思想,学会观察、归纳、分析、综合推理,体会由特殊到一般的数学思想.

四、重点难点

重点:等比数列的概念、通项公式、等比数列前 n 项和公式.

难点:等比数列概念的理解,通项公式和前 n 项和公式的推导及公式的应用.

五、教学提示

1. 等比数列的定义是推导等比数列通项公式、前 n 项和公式的基础.在教学中,教师可采用类比的方法,通过复习等差数列的相关知识,引导学生归纳总结等比数列的概念及公式的推导方法.

2. 教材通过“情境与问题”——我国古代数学著作《孙子算经》中的趣题引出等比数列的定义,进而根据定义推导出等比数列的通项公式,通过例题介绍通项公式的简单应用.

3. 讲解等比数列的公比时,教师要注意强调相邻两项比的次序不能颠倒.等比数列的公比 q 可正可负,但不能为 0,尤其是 q 为负值时,数列各项的符号怎样变化,可结合实例组织讨论.

应强调 $q=1$ 的等比数列是常数列，但常数列不一定是等比数列，如 0，0，0，0，…是常数列，但不是等比数列.

4. 教材“想一想”中的问题：当 $n=1$ 时公式仍然成立；若公式中 a_1 与 q 其中一个为 0，那么就不符合等比数列的定义.

5. 根据“探索与发现”可以总结出：一个数列若既是等差数列又是等比数列，则这个数列为常数列，其公差 $d=0$，公比 $q=1$，且该数列为各项不为 0 的常数列.

6. 例 1、例 2 是巩固性练习，目的是使学生会直接利用通项公式进行求解. 例 3 是理解性练习，结合方程组练习加深对通项公式的理解. 在讲解例 4 时，教师可以引导学生类比等差中项的定义及计算公式归纳推导等比中项的定义及计算公式. 这个例题主要让学生了解，如果三个数成等比数列，且已知三个数的乘积，可以设这三个数分别为 $\frac{a}{q}$，a，aq，计算比较方便，加深学生对定义的理解. 教师要强调 G 是 a、b 的等比中项是 $G^2=ab$ 的充分条件，当 $ab=0$ 时，G 是 a、b 的等比中项就不成立，且该数列也不是等比数列. 任意两个同号的数的等比中项都有两个，它们互为相反数.

7. 教师可以通过 7.3.2 节的“情境与问题”——“棋盘上的麦粒”的故事引导学生抽象出等比数列模型，然后讲解如何利用错位相减法求出棋盘上所有麦粒数的总和 $S_{64}\approx 1.84\times 10^{19}$ 粒. 给学生一个直观的感受，由特殊到一般，鼓励学生利用相同的方法自行推导等比数列前 n 项和公式（7-5），结合等比数列的定义和通项公式，推导出公式（7-6）和（7-7）. 在推导过程中，要强调公比 $q\neq 1$ 时，才能应用这两个公式求解等比数列的前 n 项和，若公比 $q=1$ 时，数列为常数列，前 n 项和 $S_n=na_1$. 教学中应多举学生熟悉的例子，引导学生观察归纳等比数列的特点，培养学生的归纳分析能力.

8. 例 5、例 6 是巩固性练习，目的是使学生掌握公式，能直接利用公式求解；例 7 是理解性练习，目的是使学生加深对公式的理解.

9. 等比数列的前 n 项和公式共涉及 5 个变量 a_1，a_n，q，n 和 S_n，已知其中 3 个量，就可以通过解方程或方程组求出另外 2 个量. 求解过程中要提醒学生注意，不要丢根.

10. 习题 7.3 A 组【知识巩固】一共 6 个题，考查等比数列通项公式以及前 n 项和公式的简单运用，比较基础，属于一级水平. B 组【能力提升】的题目难度有所提升，主要考查等比数列通项公式与前 n 项和公式的灵活运用，属于二级水平. C 组【学以致用】的题目结合生活应用实例与历史文化情境，难度有所提升，渗透文化素养的培养，融入思政教育.

11. 趣味数学“雪花曲线”，将知识进行延伸，激发学生的学习兴趣，引导学生善于用数学眼光观察世界，增强数学应用意识.

六、问题设计

1. 等比数列中的项为什么不能为 0？

这个问题可以帮助学生理解等比数列的定义，从第二项起，每一项与它前一项的比是同一个常数，而因为 0 不能作为分母，所以等比数列中的项不能为 0.

2. G 是 a、b 的等比中项是 $G^2=ab$ 的什么条件？

这个问题可以帮助学生全面分析了解等比数列的特点，等比数列中任何一项都不能为 0.

七、习题答案

练习 7.3.1

1. (1) ×；(2) √；(3) ×；(4) √；(5) ×.

2. (1) 24；(2) -8，$-\frac{1}{2}$；(3) 5；(4) -1.

3. 12， -24.

4. (1) ± 10； (2) ± 9.

5. $q=\frac{1}{2}$， $a_1=16$.

6. $n=9$.

7. 2，4，8 或 8，4，2.

8. 第 6 项.

9. 3.49 万元.

练习 7.3.2

1. $S_5=\frac{31}{2}$. 2. $S_n=\frac{63}{4}$. 3. $S_6=\frac{189}{2}$. 4. 1 440.

习题 7.3

A 组

1. $a_3=16$；$a_5=64$.

2. (1) $a_n=\left(\frac{1}{2}\right)^{n-3}$，$a_6=\frac{1}{8}$；

(2) $a_n=(-3)^{n-1}$，$a_6=-243$.

3. $q=2$，$a_1=\frac{1}{4}$. 4. $S_5=11$. 5. $S_n=\frac{31}{4}$. 6. $a_1=1$，$n=6$.

B 组

1. 128 或 $\frac{128}{3}$. 2. D. 3. C. 4. 3，9，27. 5. $S_{3n}=511$.

C 组

1. 848.72 万元. 2. 塔尖有 3 盏灯.

八、教学反思

7.4 等差数列与等比数列的应用

一、知识准备

1. 等差数列与等比数列的通项公式.
2. 等差数列与等比数列的前 n 项和公式.

二、新知结构(图 7-4)

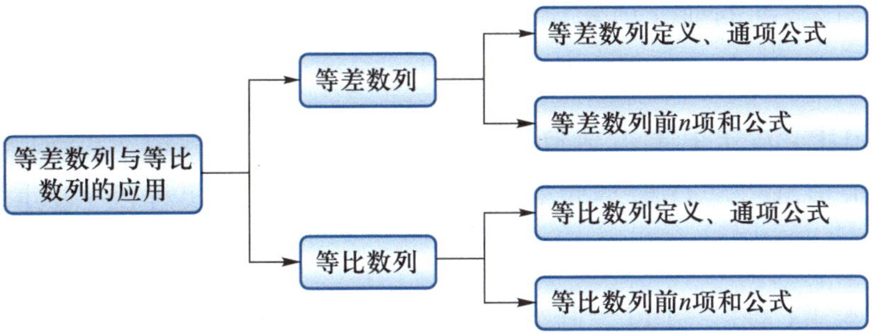

图 7-4

三、教学目标

1. 掌握等差数列与等比数列通项公式的实际运用,等差数列与等比数列前 n 项和公式的实际应用.

2. 能通过建立适当的数学模型,解决简单的与等差数列、等比数列有关的实际问题.

3. 结合银行理财、木材堆积统计、职场应聘等实际情境,通过建模思想的构建,能够分析问题、解决问题,增强数学应用意识.

四、重点难点

重点:等差数列与等比数列的定义、通项公式及前 n 项和公式.

难点:建立适当的数学模型,解决等差数列和等比数列的通项公式和前 n 项和公式的应用问题.

五、教学提示

1. 选用经济理财、货品堆积统计、企业调查、职场应聘等丰富的实例，让学生置身于真实情境中，体会两种特殊数列在日常生活、工作中的广泛应用，培养学生建模、逻辑推理、数学抽象等核心素养，让学生在体会中用数学眼光观察世界，用数学语言表达世界.

2. 本节分别从“情境与问题(1)—(4)”入手，让学生充分体会等差数列、等比数列相关知识在实际生活、生产中的应用.

情境与问题(1)借助等差数列前 n 项和公式计算银行存款本息和，并体会教育储蓄的优越性；情境与问题(2)通过把这类规则堆积的木材总数计算问题，转化为等差数列前 n 项和数学模型，体验了类似问题用求和公式解决的便利性；情境与问题(3)，在职场应聘中，对于用不同方法给出薪资的单位，怎样对比、选择与取舍，通过等差数列与等比数列的前 n 项和数学模型给予有效解决，进一步体验利用不同数学模型解决实际问题的优势；而情境与问题(4)是通过图像辅助，基于函数思想，灵活应用等差数列的通项公式解决问题.教学中，教师应重视引导学生，对实际应用问题中数学知识的提炼与转化.

3. 引导学生通过应用对比，理解并掌握等差数列、等比数列的通项公式和前 n 项和公式，帮助学生体会所学知识在实际生活中的应用.

4. 由于计算等比数列的前 n 项和比较烦琐，可以使用表格软件、计算器等工具进行计算，培养学生对计算工具的使用能力及数据处理能力.

5. 在实际应用中，引导学生将实际问题转化为数学问题，初步感知数学建模的过程，体会数学应用的价值.在教学中，尽量控制练习的难度和复杂程度，着重渗透基本思想和方法.

6. 习题 7.4　A 组【知识巩固】一共 2 个题，考查两个特殊数列前 n 项和公式的简单运用，比较基础，属于一级水平.B 组【能力提升】题目涉及银行贷款问题，难度有所提升，渗透专业文化，属于二级水平.C 组【学以致用】题目与图形结合，第 3 题要引导学生通过观察分析，抽象出等比数列模型，难度较大，属于二级水平.

7. 本章的数学文化介绍了中国古代数学家对数列的研究，让学生感受中国古代数学著作中蕴含了丰富的数列知识，不仅丰富了本章内容，而且有利于提升学生的人文素养.本节最后又通过数学小故事，不仅让学生学到中国古代数学家数列求和的思想方法，而且能体会到这些数学思想方法诞生的曲折过程，感受到数学家进行数学研究时的探索精神和创新意识.

六、问题设计

1. 等差数列与等比数列在经济计算应用时有何区别？

这个问题可以帮助学生理解在建模时如何区别使用两个特殊数列，尤其要分清是每一年递增量还是递增百分比，进一步理解掌握等差数列与等比数列的定义.

2. 实际应用中如何关注 n 的取值？

由于部分题目涉及年份，容易造成 n 取值的困扰，这个问题可以帮助学生准确分析公式中 n 的取值规律.

七、习题答案

练习 7.4

1. 64.　2. 780.

习题 7.4

A 组

1. 2 100.

2. (1) 约 1 464 台；(2) 约 6 105 台.

B 组

1. 61 支；7 381 支.

2. 解析：

甲方案获利：$1+1.3+1.3^2+1.3^3+\cdots+1.3^9\approx 42.63$（万元），

银行贷款本息：$10(1+5\%)^{10}\approx 16.29$（万元），故甲方案纯利润：$42.63-16.29=26.34$（万元）；

乙方案获利：$1+(1+0.5)+(1+2\times 0.5)+(1+3\times 0.5)+\cdots+(1+9\times 0.5)=32.50$（万元），

银行贷款本息：$1.05\times[1+(1+5\%)+(1+5\%)^2+\cdots+(1+5\%)^9]\approx 13.21$（万元），故乙方案纯利润：$32.50-13.21=19.29$（万元）. 综上可知，甲方案好.

C 组

1. 281.88 元.

2. 长、宽、高分别为 1，2，4 或 4，2，1.

3. $2a^2\left[1-\left(\frac{1}{2}\right)^n\right]$.

八、教学反思

复习题 7 答案

A 组

一、1. B.

2. C.

3. D.

4. A.

5. C.

6. A.

二、7. $\frac{1}{25}$

8. 6.

9. $\frac{20}{3}$.

10. -8.

三、11. (1) $(-1)^n \frac{1}{n^2}$; (2) $-2n$.

12. (1) $-14,5$; (2) $5,18$. (3) $-32,-260$; (4) $7,-7$.

13. (1) $-2,-11$; (2) $4,\frac{1}{16}$.

14. 2,4,6.

15. 礼堂共有 1 470 个座位.

B 组

1. (1) $\frac{n^2-1}{n}$; (2) $(-1)^{n+1}\sqrt{2n-1}$.

2. 4.

3. 1,2,5,12,29.

4. (1) 600 亩; (2) 610.51 亩.

C 组

1. 1 或$\frac{1}{2}$.

2. 0,4,8,16 或 15,9,3,1.

3. 证明略.

4. $a_n=\begin{cases}2\times 3^{n-1} & (n\geqslant 2),\\ 1 & (n=1).\end{cases}$

Ⅳ 教案示例

数列的概念

一、教学内容

数列的概念包括数列的定义与数列的通项公式，共 2 个学时，本学时为第一学时.

数列的概念、通项公式在学习过程中起着承上启下的作用.一方面，在数列概念的归纳提炼及具体问题的解决过程中会体现函数思想，通过学习数列能进一步加深学生对函数的认识，强化对函数思想方法的运用；另一方面它是学习等差数列、等比数列的基础.同时，通过数列的学习，可以增强学生的数学运算和分析归纳的能力.

二、教学目标

1. 了解数列及有关概念，理解数列的通项公式.

2. 了解数列的通项公式的含义，能够根据通项公式写出数列的任意一项；对于有通项公式的数列，会根据该数列的前几项写出它的一个通项公式.

3. 在融入思政元素的情境中，丰富数学探索的情感体验，增强家国情怀.

三、教学重难点

重点：数列的通项公式及其应用.

难点：根据数列的前几项写出该数列的一个通项公式.

四、教学策略

1. 教学理念：先学后教、以学定教.

2. 教法学法

（1）学法：自主探究小组合作.

（2）教法：情境教学.

五、教学过程(表 7-3)

表 7-3

教学阶段	教学过程	双边活动	设计意图
情境导入	课前,观看视频,了解数列的有关历史文化,以及在现代生活中的应用. **一、情境引入,揭示新课** 1.《易经》:是故易有太极,是生两仪,两仪生四象,四象生八卦.数列:2,4,8. 2.《庄子》:"一尺之棰,日取其半,万世不竭",这是 2 000 多年前《庄子》一书中对数列的记载,一尺之棰每次截取后剩余的长度分别是$\frac{1}{2},\frac{1}{4},\frac{1}{8},\frac{1}{16},\frac{1}{32},\cdots$(单位:尺).(视频) 新课引入:数列. **二、图片探究,总结概念** 国家统计局公报:2015 年——2019 年国内生产总值数据如下图所示. 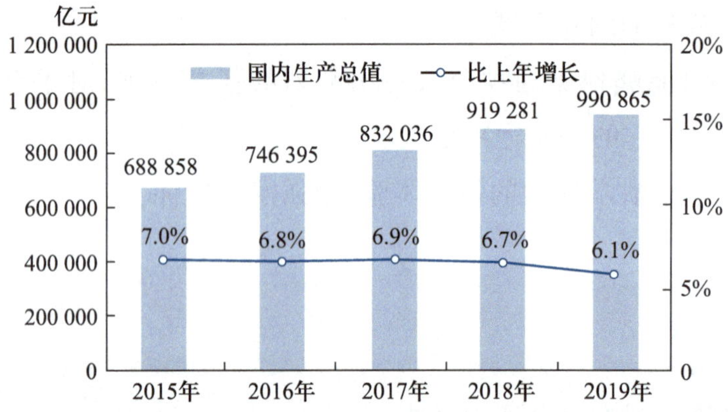 我们可以发现三列数: 688 858,746 395,832 036,919 281,990 865; 2 015,2 016,2 017,2 018,2 019; 7.0,6.8,6.9,6.7,6.1; 思考:什么是数列? 像这样,有一定次序的一列数,就是我们要研究的数列. 为定义做好探究.	学生课前观看微课视频. 让学生朗读古代典籍中的名句并进行解释,揭示新课. 教师结合改革开放史,抛出教材中的国内生产总值及增值速度分析图. 引导学习发现、总结数列定义	联系实际,激发兴趣. 从历史文化入手,在研究数学知识的同时渗透文化育人. 通过 GDP 图表,让学生在体验中国经济迅速发展的同时发现数列,研究数列.

续表

<table>
<tr><th>教学阶段</th><th>教学过程</th><th>双边活动</th><th>设计意图</th></tr>
<tr><td>讲授新知</td><td>1. 数列定义:按照一定次序排列的一列数称为数列.数列中的每一个数都称为这个数列的项,各项依次称为这个数列的第 1 项(或首项),第 2 项,….
举例说明数列的概念:
2,4,8
$\frac{1}{2},\frac{1}{4},\frac{1}{8},\frac{1}{16},\frac{1}{32},\cdots$
688 858,746 395,832 036,919 281,990 865;
2 015,2 016,2 017,2 018,2 019;
7.0,6.8,6.9,6.7,6.1;
1,1,1,1,1,….
思考 1:$x,2x,3x,4x,\cdots$是否是数列?
数列中的项必须有确定的数值.
思考 2:数列 2,4,8 有几项?数列$\frac{1}{2},\frac{1}{4},\frac{1}{8},\frac{1}{16},\frac{1}{32},\cdots$有几项?
数列的分类:项数有限的数列称为有穷数列,项数无限的数列称为无穷数列.
688 858,746 395,832 036,919 281,990 865;
2 015,2 016,2 017,2 018,2 019;
7.0,6.8,6.9,6.7,6.1;
都是有穷数列
1,1,1,1,1,…是常数列,无穷数.
2. 走进国情
观察上图并讨论问题.
学生讨论后举例有穷数列、无穷数列、常数列:
2,4,8,16,32;
−1,1,−1,1,−1,…;
2,2,2,2,2,….
3. 数列的表示:一般地,数列可以写作 $a_1,a_2,a_3,\cdots,a_n,\cdots(n\in\mathbf{N}^*)$,简记为$\{a_n\}$,其中右下角的正整数 n 为项数.当 n 从小到大依次取正整数时,a_n 依次可以表示数列的各项,如 a_1 表示第 1 项(首项),a_2 表示第 2 项,…,通常把第 n 项 a_n 称为数列$\{a_n\}$的通项或一般项.
思考:尝试表示数列
2,4,8,16,32,…,其中 $a_1=2,a_2=4,a_3=8,\cdots$
$\frac{1}{2},\frac{1}{4},\frac{1}{8},\frac{1}{16},\cdots$,其中 $a_1=\frac{1}{2},a_2=\frac{1}{4},a_3=\frac{1}{8},\cdots$
无穷多个 2 排成的数列 2,2,2,2,2,…
其中 $a_1=2,a_2=2,a_3=2,\cdots$</td><td>记录背诵定义理解定义.

让学生分别说说具体项是什么,结合 PPT 表示出来.
在思考追问下,学生回答.

发现总结数列的分类,夯实数列的定义.

熟记数列的表示及相关概念.</td><td>感受数列是刻画自然规律的数学模型,通过举例进一步领会数列的概念,加深对概念的理解.

从近几年的 GDP 数据体会中国发展速度,情感升华.

此处可以通过查询官方数据进行数据对比进行思政教育.例如对 2020 年、2021 年、2022 年数据进行对比,提升学生的家国情怀.

通过引例中的 5 个数列进行探究.</td></tr>
</table>

<table>
<tr><th>教学阶段</th><th>教学过程</th><th>双边活动</th><th>设计意图</th></tr>
<tr>
<td>讲授新知</td>
<td>
说明：数列的各项是与它在数列中的项数相对应的.在一个数列中，如果确定了某一项的项数 n，这一项就唯一确定了.
三、情境探究，寻找规律
传说古希腊毕达哥拉斯学派数学家研究的问题如下图所示.
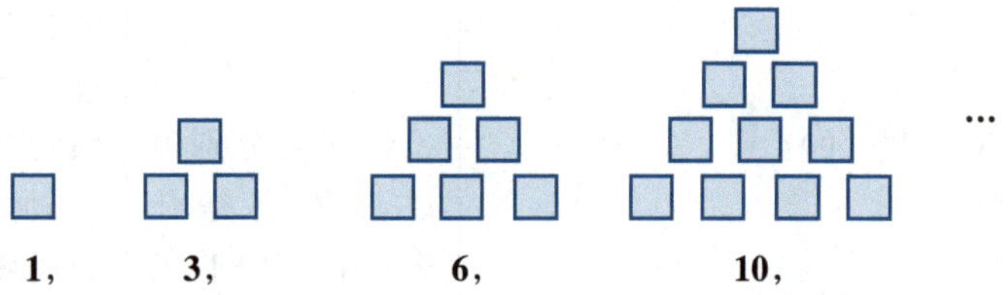

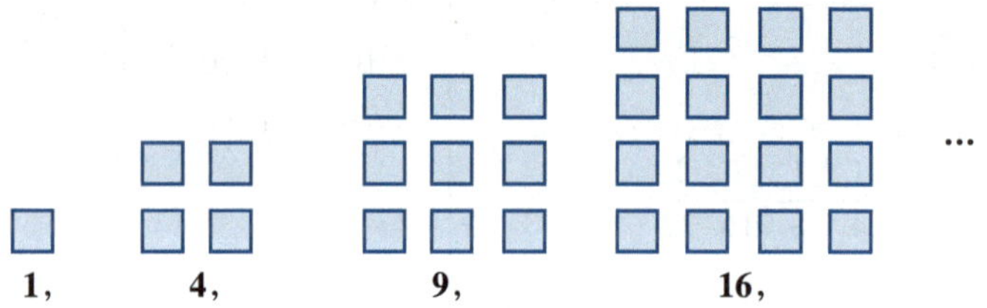

提问：这些数有什么规律吗？
思考1：数列2，4，8，16，32，…各项有什么规律？有些数列的项与项数之间存在着一定的规律，列表观察数列：
<table>
<tr><td>项 a_n</td><td>2</td><td>4</td><td>8</td><td>16</td><td>32</td><td>64</td><td>…</td></tr>
<tr><td>项数 n</td><td>1</td><td>2</td><td>3</td><td>4</td><td>5</td><td>6</td><td>…</td></tr>
<tr><td>a_n 与 n 的关系</td><td>$2=2^1$</td><td>$4=2^2$</td><td>$8=2^3$</td><td>$16=2^4$</td><td>$32=2^5$</td><td>$64=2^6$</td><td>…</td></tr>
</table>
这个规律可以用式子 $a_n=2^n(n\in\mathbf{N}^*)$ 表示.
概念：一般地，如果数列的第 n 项 a_n 与项数 n 之间的关系可以用一个式子来表示，那么这个式子称为这个数列的通项公式.
数列2，4，8，16，32，…的通项公式为 $a_n=2^n$.
思考2：写出以下数列的一个通项公式：
$\frac{1}{2},\frac{1}{4},\frac{1}{8},\frac{1}{16},\cdots$
2 015，2 016，2 017，2 018， 2 019；
2，2，2，2，2，…
7.0，6.8，6.9，6.7，6.1；
688 858；746 395，832 036，919 281，990 865；
总结：(1) 并不是所有的数列都能写出它的通项公式，如思考2的第4和第5个数列就没有通项公式.
(2) 由数列的通项公式可知，数列可看作是一个以正整数为自变量的函数.如果已知数列的通项公式，依次用数1，2，3，…代替公式中的 n，就可求出数列的各项.
</td>
<td>
学生小组合作，根据数列前几项找寻规律.

学生回答填空，教师引导.

记录作业本，完成练习.

小组合作，老师指导，尝试写出引例5个数列的通项公式.
</td>
<td>
穿插讲解重点，使学生真正把握所学知识，进一步领会数列的有关概念.

了解数列与函数的关系.

进一步加深对数列概念的理解.

通过列表学会观察，归纳项与项数之间存在的规律.

了解数列通项公式与函数的关系.

最后两个数列设置悬念，让学生自我发现并不是所有数列都有通项公式
</td>
</tr>
</table>

续表

教学阶段	教学过程	双边活动	设计意图
典型例题	**四、练习巩固,学以致用** 1. 写出数列$\{a_n\}$的一个通项公式,使它的前 4 项分别是下面各列数: (1) 2,4,6,8,…; (2) 3,5,7, 9,…; (3) $-\frac{1}{1\times2},-\frac{1}{2\times3},-\frac{1}{3\times4},-\frac{1}{4\times5}$ **解** (1) 数列的前 4 项 2,4,6,8 都是相应项数的 2 倍,所以它的一个通项公式是 $a_n=2n$. (2) 数列的前 4 项 3,5,7,9 都是相应项数的 2 倍加 1,所以它的一个通项公式是 $a_n=2n+1$. (3) 数列的前 4 项的绝对值都等于相应的项数乘以该项数加 1,且奇数项为负,偶数项为正,所以它的一个通项公式是 $$a_n=(-1)^n\frac{1}{n(n+1)}$$ 2. 根据下列数列的通项公式,写出它的前 5 项: (1) $a_n=\frac{1}{n+1}$; (2) $a_n=(-1)^{n+1}$. **解** (1) 在公式中依次取 $n=1,2,3,4,5$,得到数列的前 5 项为 $a_1=\frac{1}{1+1}=\frac{1}{2},a_2=\frac{1}{2+1}=\frac{1}{3},a_3=\frac{1}{3+1}=\frac{1}{4}$, $a_4=\frac{1}{4+1}=\frac{1}{5},a_5=\frac{1}{5+1}=\frac{1}{6}$. (2) 在公式中依次取 $n=1,2,3,4,5$,得到数列的前 5 项分别为 $a_1=(-1)^{1+1}=(-1)^2=1,a_2=(-1)^{2+1}=(-1)^3=-1$, $a_3=(-1)^{3+1}=(-1)^4=1,a_4=(-1)^{4+1}=(-1)^5=-1$, $a_5=(-1)^{5+1}=(-1)^6=1$. 拓展资源: 斐波那契数列.实际上数列在我们生活中有很多应用,比如分期付款,理财,人口统计,而有一个特殊的数列:1,1,2,3,5,8,13,21,34,55,…,你能发现这个数列的规律吗? 学生尝试回答:从第 3 项起,每一项都是它前两项的和.这就是著名的斐波那契数列. 当将斐波那契数列与音符结合会产生怎样的共鸣呢? 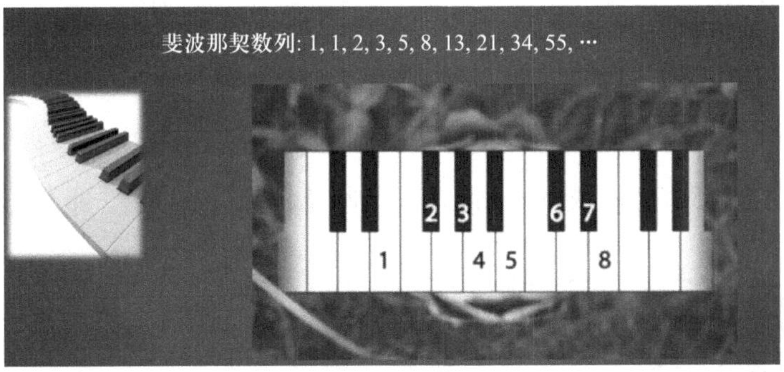	学生独立完成. 小组讨论,查漏补缺. 师生共同欣赏 播放视频	通过例 1,使学生学会如何根据数列的前几项,寻找项与项数之间的规律,写出通项公式. 通过例 2,让学生掌握利用通项公式写出数列的任意项的方法. 拓宽学生视野,引入斐波那契数列. 激发兴趣,进行数学与美育结合的教育. 师生共同欣赏音乐
强化练习	习题	限时检验	灵活应用

续表

教学阶段	教学过程	双边活动	设计意图
课堂总结	**五、归纳总结,知识升华** 本节课学习了以下内容: 1. 数列的有关概念:数列、项、通项公式. 2. a_n 与 $\{a_n\}$ 表示的含义. 3. 数列与数集的区别. 4. 数列的分类:有穷数列、无穷数列. 5. 如何根据数列的前几项写出数列的一个通项公式.	学生回答,自主总结	针对学生薄弱或易错处强调总结
布置作业	**六、布置作业,拓展学习型** 1. 阅读:教材. 2. 书写:教材习题. 3. 实践:搜集生活中数列的实例. 4. 整理本节课笔记	分层多角度作业	巩固拓展

V 素养拓展

当美妙的音乐遇到“冷酷”的数学

黑白相间的琴键,竟然是斐波那契数列的体现,著名的乐曲与高深的数列又产生密切联系,这仅仅是巧合吗?数学的抽象美,音乐的艺术美,经过了岁月的考验变得更加不可分割,向世人展示出无穷的魅力.

越来越多的人都在学钢琴,仔细观察一下,在钢琴的键盘(图 7-5)上,从一个 C 键到下一个 C 键就是音乐中的一个八度音程,其中共包括 13 个键,有 8 个白键和 5 个黑键,而 5 个黑键又分成 2 组,一组有 2 个黑键,一组有 3 个黑键,而 2、3、5、8、13 这一列数,从第三项开始,每一项都等于前两项之和.比如 5=2+3、8=5+3,…依此类推,这就是大名鼎鼎的斐波那契数列中的前面几个数.

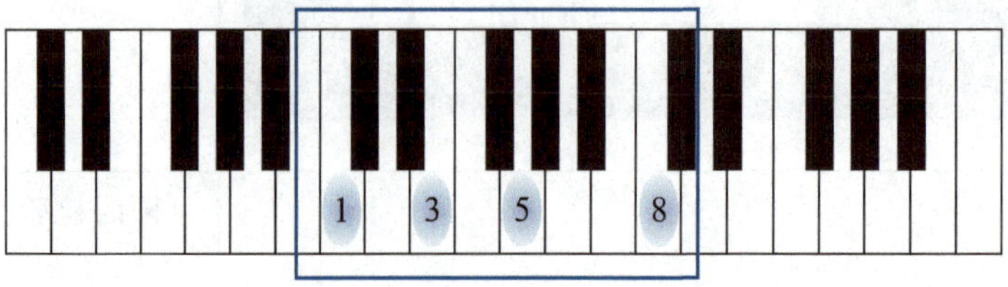

图 7-5

斐波那契数列究竟是什么呢？简单地说，就是一系列数字：0，1，1，2，3，5，8，13，21，34，55，89，144，233，377，610，…，序列中的下一个数字是通过将它前面的两个数字相加得到的.该序列的后项与前项的比趋于1.618…（项数趋于无穷），这就是人们常说的“黄金比例”.数百年来，作曲家经常使用斐波那契数列和黄金比例来创作音乐.其中，莫扎特的许多作品都以黄金比例为基础，特别是他的钢琴奏鸣曲.

斐波那契数列常用于黄金分割及乐曲设计，而等比数列常用于音符时值分类及音乐曲式结构；1、2、3、4、5、6、7、$\dot{1}$ 等音节正是利用等比数列来规定的.从一个C键这个八度音程被黑键和白键分成了12个半音，下一个C键发出乐音的振动次数（即频率）是第一个C键振动次数的2倍，这个划分是按照等比数列而作出的.

毕达哥拉斯说“音乐之所以神圣而崇高，就是因为它反映出作为宇宙本质数的关系.”爱因斯坦说得更为风趣：“我们这个世界可以由音乐的音符组成，也可以由数学公式组成.”音乐是心灵和情感在声音方面的外化，是一种艺术表达形式，数学是客观事物和逻辑思维高度抽象的产物.数学是以数字为基本符号的排列组合，它是对事物在量上的抽象，并通过种种公式，揭示出客观世界的内在规律.美妙的音乐还真离不开“冷酷”的数学，彼此相互渗透、相互促进.

第8章 排列组合

I 教学要求

一、教学目标

引导学生在已有知识和生活经验的基础上，能结合熟悉的情境理解分类计数原理和分步计数原理，理解排列、组合的有关概念及两者之间的区别，了解运用计数原理探索排列数公式、组合数公式、二项式定理的过程，了解二项展开式的特征.

引导学生经历在具体情境中通过数学建模解决简单的与计数有关的概率计算等实际问题的过程，了解二项展开式的通项公式及二项式系数的性质，会展开一个二项式，会用二项展开式的通项公式求展开式中的某一项.

引导学生经历独立思考、合作探究的学习过程，逐步培养观察、分析、抽象、概括等能力，发展逻辑推理、数学抽象、数学运算及数据分析等核心素养.结合教材中融入的数学文化、社会生活、校园学习、职业场景、中国传统文化等元素，了解计数与现实生活的联系，体会数学的应用价值和文化价值，提升学习数学的主动性和自信心.

二、课程内容与学时建议

本章教学约需 16 学时，具体分配建议见表 8-1.

表 8-1

内容	内容要求	学时建议
8.1 计数原理	理解分类计数原理和分步计数原理；初步掌握用两个计数原理解决实际问题的方法	2
8.2 排列与组合	理解排列的有关概念；理解生活中的简单排列问题；了解排列数公式的推导过程. 理解组合的有关概念；理解排列问题与组合问题的区别；了解组合数公式的推导过程和组合数的性质. 初步掌握用排列组合解决概率计算等简单实际问题的方法	8

续表

内容	内容要求	学时建议
8.3 二项式定理	了解二项式定理的推导过程及二项展开式的特征；了解二项展开式的通项公式及二项式系数的性质	4
机动	习题课、复习课、测试等	2

Ⅱ 评价建议

一、水平层次(表 8-2)

表 8-2

学业水平描述	
水平一	水平二
在熟悉的单一情境中： 1. 会用两个计数原理计算完成一件事的方法总数； 2. 在排列问题中会用排列数公式进行计算； 3. 在组合问题中会用组合数公式进行计算，会用组合数的性质进行组合数的化简； 4. 会展开一个二项式，会用二项展开式的通项公式求展开式中的某一项	在熟悉的关联情境中： 1. 达成水平一的 1—4； 2. 会通过数学建模，解决简单的与排列组合有关的概率计算等实际问题； 3. 能通过实例感知二项式系数及其性质

二、样题举例

1. 在所有的两位数中，个位数字大于十位数字的两位数共有多少个？

说明：本题考查学生对分类计数原理的理解，完成此题，可以视为达到水平一.

2. 每年的 6 月 14 日是“世界献血者日”，为弘扬“救死扶伤、乐于助人”的奉献精神，某单位组织开展无偿献血活动.在体检合格的志愿者中，O 型血的有 12 人，A 型血的有 9 人，B 型血的有 6 人，AB 型血的有 3 人.从四种血型中各选 1 人去献血，有多少种不同的选法？

说明：本题考查学生对分步计数原理的理解，完成此题，可以视为达到水平一.

3. 从甲、乙、丙 3 名同学中选出 2 名，(1) 分别担任正、副班长，共有多少种不同的选法？(2) 担任班委，共有多少种不同的选法？

说明：本题第(1)问考查学生对排列的理解，完成此题可以视为达到水平一.本题第(2)问考查的是利用组合数公式进行计算，完成此题可以视为达到水平一.

4. 袋中共有 10 个不同的球，其中白球有 8 个，红球有 2 个.从中任意取出 3 个球，只有 1 个是红球的概率是多少？

说明：本题考查的是与排列组合有关的概率问题的计算，完成此题可以视为达到水平二.

5. 求$\left(2x+\frac{1}{x}\right)^{8}$的展开式中含$x^{4}$的项.

说明：本题考查用二项展开式的通项公式$T_{k+1}=\mathrm{C}_n^k a^{n-k}b^k$求展开式中的某一项. 可先化简通项的表达式，根据题设要求确定k的值，再代入写出该项. 完成此题可视为达到水平一.

6. 求$(x+1)^{8}$的展开式中各项系数之和.

说明：本题考查通过“赋值”的方法，得到的$(a+b)^{n}$的展开式中各项系数之和. 令$x=1$，即可得出展开式中各项的系数之和，此题中展开式的各项的系数之和与各项的二项式系数之和相等. 完成此题可视为达到水平二.

三、评价办法

1. 关注“过程性”，强化对基本概念、定理、公式的理解

两个计数原理，排列、组合的概念及排列数、组合数计算公式，二项式定理是本章教学的基础和重点.由于计数问题与学生熟悉的代数问题不同，分析过程中容易出现分辨不清、逻辑混乱、重复或遗漏步骤等情况，评价中要始终将理解放在突出位置，要结合生活情境、学生的计数知识基础，从直观经验出发，关注学生的分析过程和思维过程，引导学生分析比较不同问题的特征及解决问题的基本环节，实现对基本概念、定理、公式的理解.评价中要关注不同学生的学习差异，根据学生的学习反馈，及时改进教学，给予学生有针对性的指导.

2. 关注“核心素养”，落实数学思想方法的渗透

本章的难点是原理的归纳、公式和定理的推导，无论是概念的得出还是公式的推导，都是从特殊到一般，从具体到抽象的推理过程，这既是代数中研究问题的基本方法，也是数学学习中的常用思维方法.评价中要结合具体问题，引导学生深入思考，关注解题中的分析、推理、归纳等数学思维过程，强化数学运算的准确性，培养学生数学运算、逻辑推理和数据分析等能力，并围绕数学核心素养，体现“教”与“评”一致性.

3. 关注“应用性”，增强运用计数原理解决实际问题的能力

两个计数原理是解决计数问题的基础，排列、组合及二项式定理都是两个计数原理的典型应用.因此，要注意引导学生追本溯源，将排列、组合和二项式定理的研究引导到如何应用计数原理的思考上，评价时要结合典型的、富有时代气息的具体情境和实例，引导学生尝试不同的分析、解决问题的思路，在分析和解决实际问题的过程中灵活理解和运用知识，提高数学思维及应用能力，体会计数原理的应用价值.

4. 关注“多元性”，调动学生多种形式参与评价过程

评价内容及形式多元.在教学与评价过程中，既要结合教学目标、学业质量要求关注学生对具体内容的掌握情况，落实“四基”，培养“四能”，更要关注学生数学学科核心素养水平的表现，体现数学学习的整体性和发展性.要丰富练习和作业形式，除传统的纸笔练习外，还可采用课堂观察、口头交流、开放式活动等形式，同时提高习题设计的针对性、开放性和实效性，培养学生完成练习的自主性和有效性，全面评价学生的数学学业水平.

评价主体多元.要拓展师生、生生、人机交流的渠道,适时引入自评、互评、小组评等多种评价主体,引导学生关注自身和同伴的学习方法及思维过程,帮助学生认识自我,学习他人,取长补短,养成良好的学习习惯,提高学习数学的兴趣和自信,更加生动、自主、有效地开展数学学习.

Ⅲ 教学建议

8.1 计数原理

一、知识准备

1. 加法运算.
2. 乘法运算.

二、新知结构(图 8-1)

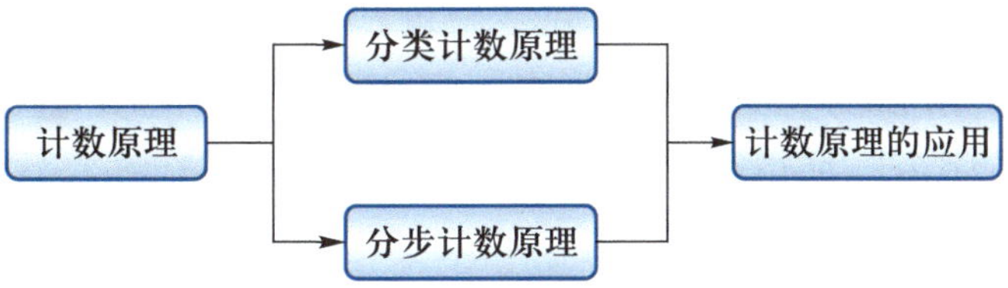

图 8-1

三、教学目标

1. 经历两个计数原理的形成过程,理解分类计数原理和分步计数原理,会用两个计数原理计算完成一件事情的方法总数.

2. 通过实例,感知两个计数原理的区别,能根据具体问题的特征选择恰当的原理解决一些简单的实际问题,培养数学运算、逻辑推理等核心素养.

3. 通过观察、分析、概括、比较,体会数学来源于生活,服务于生活,感悟从具体到抽象、从特殊到一般的思想方法,形成科学严谨的态度,养成周密思考、细心分析的良好习惯,增强数学应用意识.

四、重点难点

重点:理解分类计数原理和分步计数原理的联系与区别,能应用两个计数原理解决简单的实际问题.

难点：分类计数原理和分步计数原理的应用.

五、教学提示

1. 计数原理是加法运算、乘法运算的延伸与推广，是生活中分类、分步背后所蕴含的数量关系的数学刻画，是后续学习排列、组合和二项式定理的理论依据，是本章的基础性知识，是培养数学抽象、逻辑推理、数学运算等核心素养的良好载体.

2. 章导语提及杨辉三角，在本章末通过“数学文化”介绍了中国古代数学家和数学教育家——杨辉，教学时可通过对杨辉三角的介绍，帮助学生了解中国古代数学的伟大成就，提高学生的民族自豪感，增强责任担当意识.

3. “一个一个地数”是学生最熟悉，也是最基本的解决计数问题的方法，义务教育阶段又在加法与乘法运算的基础上进行了拓展，学习了用列举法和树状图解决一些简单的计数问题.中职阶段，要引导学生认识到生活中大量的计数问题蕴含某种可简化计数的规律，经历从已有的计数经验和生活实例中归纳、抽象出一般性的计数原理的过程，理解计数原理的核心是“分类”与“分步”，并能运用计数原理解决一些简单的计数问题.

4. 为突出两个计数原理的区别，教材 8.1 和 8.2 都是通过创设“推选学生参加技能大赛”的问题情境，引导学生分析比较两个问题的特征及解决问题的基本环节，然后从特殊到一般，抽象概括出两个基本原理，接着均配以典型例题和练习题强化学生对原理的理解，最后在 8.1.3 中给出 3 个不同的“情境与问题”，引导学生进一步辨析与深层理解两个计数原理.

5. 例 1 是分类计数原理的典型运用.以“张老师从某市去上海出差”为背景，引导学生发现选择三类交通工具中的任何一种出行都可以完成张老师从某市到上海这件事，每一类方式又有若干种选择，方法数相加即可.

6. 练习 8.1.1 中的 3 个题旨在巩固分类计数原理的运用，帮助学生感悟分类计数原理的核心：用任何一类方式中的任何一种方法都可以独立完成这件事.能完成这 3 个练习题，表明学生的学业水平达到了水平一.

7. 教材 8.1.2 从“某校拟从 3 名男生、6 名女生中，各推选 1 名参赛”这一情景引入，引导学生与 8.1.1 中的“情境与问题”进行对比分析.在比较这两个问题时，应强调“推选 1 名参赛”与“各推选 1 名参赛”是两种不同的选法.为了使学生更加明确分类计数与分步计数的区别，教师还可再举一些例子，也可让学生自己举例.

8. 例 2 是分步计数原理的典型运用.引导学生分析“完成取 3 本书”这件事需要 3 个步骤，每个步骤中的任何一种方法都不能完成这件事.

9. 练习 8.1.2 中的 2 个题旨在巩固分步计数原理的运用，帮助学生感悟分步计数原理的核心：需依次完成所有步骤才能完成这件事. 能完成这 2 个练习题，表明学生的学业水平达到了水平一.

10. 教材 8.1.3 中的“情境与问题(1)”旨在帮助学生辨析两个计数原理的区别.“情境与问题(2)”旨在巩固分步计数原理的运用.教学中，教师要强调这里的“完成这件事情”要分成 4

步.第一步,从 8 幅作品选择 1 幅作品挂在 1 号展位,第二步,从剩下的 7 幅作品选择 1 幅作品挂在 2 号展位,依此类推,为后续排列的学习作方法铺垫."情境与问题(3)"是两个计数原理的综合运用.首先引导学生分别从甲、乙、丙三个汽车厂展开讨论,再考虑每个工厂的汽车款式,综合运用分类计数原理和分步计数原理进行计算.这是一个先分类再分步的题型,教学中,教师还应列举实例,引导学生感悟在解决综合性问题时,是先分类还是先分步,要根据具体情况加以分析.

11. 8.1.3 节中的拓展延伸,目的是引导学生联系生活实际,增强应用意识,促进学生深入思考和探究,加深对计数原理的理解,提高分析问题和解决问题的能力.

12. 练习 8.1.3 旨在引导学生进一步体会两个计数原理的联系和区别,强化综合运用.

13. 习题 8.1A 组【知识巩固】共 3 题是两个计数原理的简单应用.B 组【能力提升】共 3 题,旨在帮助学生解决关联情境下的数学问题.组【学以致用】旨在帮助学生利用所学计数原理解决生活中的数学问题,体现学以致用.

六、问题设计

1. 请说说分类计数原理、分步计数原理的相同与不同之处。

相关内容见表 8-3.

表 8-3

原理	分类计数原理	分步计数原理
相同之处	都是解决计数问题,都是涉及完成一件事不同方法种数的问题	
不同之处	完成一件事,有 n 类方式,每类方式中又有多种不同的方法,各类方式中的任何一种方法都能完成这件事	做一件事,完成它需要分成 n 个步骤,任何一步都不能独立完成这件事,每个步骤都缺一不可
不同之处	各类方式中的不同方法之间是互斥的、并列的、独立的	各步骤之间相互依存、彼此关联

2. 运用分类计数原理、分步计数原理的依据是什么?

分类计数原理与"分类"有关,类与类之间互不相容,用任何一类中的任何一种办法都可以独立完成这件事;分步计数原理与"步骤"有关,每一步都不能独立完成这件事情.

七、习题答案

练习 8.1.1

1. 19.

2. 12.

3. 36.

练习 8.1.2

1. 100.

2. 24.

练习 8.1.3

1. (1) 5;(2) 6.

2. 12.

3. 20.

习题 8.1

A 组

1. 14.

2. 64.

3. (1) 8;

(2) 11.

B 组

1. 676 000.

2. 16.

3. 243.

C 组

1. 84.

2. 略.

八、教学反思

8.2 排列与组合

一、知识准备

1. 会用分类计数原理和分步计数原理解决计数问题.

2. 会辨识古典概型特征,会求简单随机事件的古典概率及互斥事件的概率.

二、新知结构(图 8-2)

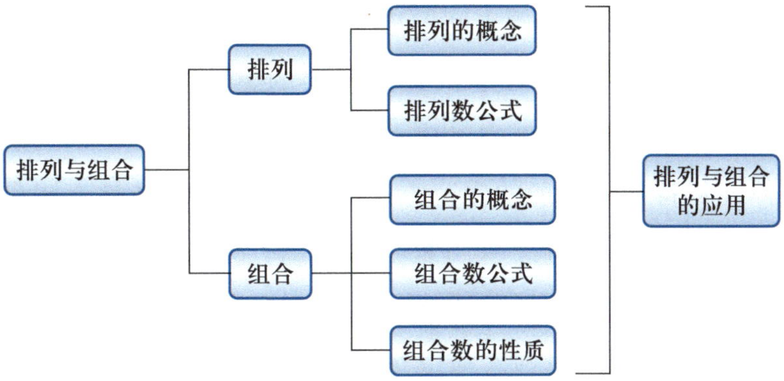

图 8-2

三、教学目标

1. 通过实例探究,理解排列与组合的概念,并结合实际问题进行对比分析,体会排列与组合的联系与区别,培养数学抽象的核心素养.在具体的排列组合问题中,能准确选择相应公式进行计算,并掌握使用计算器计算排列数和组合数的方法,提升信息素养.

2. 通过经历用两个计数原理推导排列数公式、组合数公式及组合数的性质的过程,体会从特殊到一般的探究方法,培养类比学习能力.会利用组合数性质进行组合数化简,培养数学运算、逻辑推理等核心素养.

3. 会通过数学建模,解决简单的与排列组合有关的概率计算等实际问题,培养分析问题、解决问题的能力.

四、重点难点

重点:排列概念和排列数公式,组合概念与组合数公式及组合数的性质.

难点:与排列组合有关的概率计算等实际应用问题.

五、教学提示

1. 教材 8.2.1 从“从甲、乙、丙 3 名学生中选 2 名分别担任服务小组的正、副组长”这一情境引入,通过树状图分析,一一列举,以培养学生的有序思维.再明确解决这一问题可分两个步骤完成,应用分步计数原理得出选法总数,为推导排列数公式奠定方法基础.最后将问题抽象为“从 3 个不同元素中任取 2 个,然后按一定顺序排成一列,求一共有多少种不同排列”,再推广到一般情形,从而给出排列的概念,明确排列的定义包含两个步骤:取出元素,按一定顺序排列.

2. 例 1 要求写出从红、蓝、黄、绿 4 种不同的颜色中任取 3 种颜色的所有排列.引导学生类比“情境与问题”的研究方法,一一列举所有排列,并通过分步计数原理得到排列方法的总数,强调当且仅当两个排列的元素和顺序都相同时才是同一个排列.将“情境与问题”及例 1,推广到一般情形，给出排列数的概念，并引导学生区分“排列”与“排列数”两个概念. 从 n 个不同的元素中取出 m 个元素的排列数用 P_n^m 表示，也有教材用 A_n^m 表示.

3. 在推导排列数公式前，教材将例 1 问题中的排列数 P_4^3 通过分步计数原理得出，然后以 P_5^3 为例引导学生观察规律，在对排列数公式建立一定的感性认识的基础上，引导学生对排列数公式进行猜想，类比具体排列数的探究过建立程，推导得出 $P_n^m=n(n-1)(n-2)\cdots(n-m+1)$，在此过程中让学生体会从特殊到一般的探究方法. 排列数公式的推导方法是不完全归纳法，不是严格的证明. 排列数公式的证明需要采用数学归纳法，本教材不做要求. 引导学生对公式的特点进行分析，以帮助学生正确地记忆公式. 当公式中的 $m=n$ 时，是由 1 到 n 的正整数的连乘积，称为 n 的阶乘，记作 $n!$. 同时，强调公式中 $m,n\in\mathbf{N}^*$，且 $m\leqslant n$.

4. 拓展延伸部分的“四色猜想”，旨在激发学生的学习兴趣，让学生感受数学的神奇魅力，对于复杂的涂色问题，不做要求.

5. 例 2(1) 是利用排列数公式进行计算，例 2(2) 是通过科学计算器辅助计算，两式结果相等，为排列数公式 $P_n^m=\dfrac{n!}{(n-m)!}$ 埋下伏笔. 学生通过归纳猜想尝试得出一般结论，教师再引导学生对公式进行证明，验证猜想. 该公式主要应用于有关排列数的证明或对含有字母的排列数的式子进行变形和论证. 为使上述公式在 $m=n$ 时也成立，我们规定 $0!=1$.

6. 例 3 要重点分析“从 6 个基地中选取 3 个基地去参观的路线”的含义，由于参观有先后之分，所以与顺序有关，是一个典型的排列问题. 通过与“想一想”中“3 所小学分别从 6 个基地中选取一个去参观”这一问题进行比较，引导学生发现两个问题的区别，明确解决问题的关键是“所选元素是否可以重复”，例 3 中所选的基地各不相同，且不同的顺序对应不同的排列，而“想一想”中任一基地都可以重复被选取，所以“想一想”中的问题不是一个排列问题.

7. 例 4 是一个带有限制条件的排列问题，首先考虑用直接法，从特殊元素或特殊位置入手，再考虑一般元素或位置，分步骤来研究问题. 也可以选择间接法，即先不考虑限制条件，直接计算出所有情况的排列数，再从中减去不符合条件情况的排列法，从而得出符合条件情况的排列数.

8. 练习 8.2.1 的第 1 题旨在帮助学生理解排列数公式(8-3)，问题中含有参数 n，最终将问题转化成解关于 n 的一元二次方程. 注意强调 $n\in\mathbf{N}^*$. 第 2 题，旨在巩固排列数公式(8-3)，熟练使用科学计算器计算排列数. 第 3 题原理完成，是例 3 的变式训练. 第 4 题是带有限制条件的排列问题，是例 4 的变式训练，提倡学生用多种方法求解.

9. 教材 8.2.2 从“从甲、乙、丙 3 名工作人员中选 2 人入户开展活动”这一情境引入，教学时可引导学生与 8.2.1 中的“情境与问题”进行对比分析. 强调 8.2.1 中“甲正组长，乙副组长”与“乙正组长，甲副组长”是两种不同的选法，与甲乙 2 人的排列顺序有关，是排列问题；而在 8.2.2 的“情境与问题”中，只要从 3 人中选出 2 人即可，与选出 2 人的顺序无关，是组合问题. 为了使学生更加明确排列与组合的区别，师生还可再举一些排列与组合问题的例子. 通过从特殊到一般，从具体到抽象的探究方法概括出组合概念，归纳出组合与排列的联系与区别. 明确

“元素相同，顺序不同的两个组合相同”，“元素相同，顺序不同的两个排列不同”. 此外，在组合数概念的教学中，要注意引导学生区分“组合”与“组合数”两个概念.

10. 例 5 可以通过树状图分析，也可以将问题转化为“从 4 个不同的颜色中有一个不被选”的问题，注意强调与颜色排列的顺序无关. 通过列举法，得组合数 $C_4^3=4$.

11. 理解组合数公式的推导过程的关键是引导学生研究组合数与排列数的关系. 教材以例 5 为载体，通过框图形式进行直观对比分析，引导学生探索 P_4^3 与 C_4^3 的相互联系，发现对于每一个组合，相应的都有 P_3^3 种不同的排列. 从而发现排列可以分为“先取元素，再进行全排列”两个步骤，并类比这种联系，找到 P_n^m 与 C_n^m 的关系，即 $P_n^m=C_n^m\cdot P_m^m$，从而得到组合数计算公式 $C_n^m=\dfrac{P_n^m}{P_m^m}=\dfrac{n(n-1)(n-2)\cdots(n-m+1)}{m!}$ (8-7).

12. 与排列数公式一样，教材也给出了组合数的另一公式 $C_n^m=\dfrac{n!}{m!(n-m)!}$. 该公式也适用于有关组合数的证明，及对含有字母的组合数的式子进行变形或论证. 规定 $C_n^0=1$.

13. 例 6 旨在让学生熟悉组合数公式的运用，并通过对计算结果的观察，引导学生大胆猜想组合数的性质 1：$C_n^m=C_n^{n-m}(m\leqslant n)$，再用组合数公式对这一性质加以证明，从而验证猜想. 该性质可以理解为从 n 个不同的元素中取出 m 个元素的组合数等同于从 n 个不同的元素中选出 $n-m$ 个元素的组合数. 证明性质 1 可以用纯粹的代数运算，也可以通过构建实际背景得出.

14. 类比性质 1 的探究过程，通过例 6 的第(3)问发现 $C_{16}^3=C_{15}^3+C_{15}^2$，引导学生列举出类似的例子，最后归纳猜想得到性质 2：$C_{n+1}^m=C_n^m+C_n^{m-1}(m\leqslant n)$，再利用组合数公式或分类计数原理加以证明.

15. 例 7 主要是对组合数性质 1 及性质 2 的综合运用，引导学生注意观察，感受利用性质计算的便捷. 一般地，当 $m>\dfrac{n}{2}$ 时，可以利用性质 1，通过计算 C_n^{n-m} 得到 C_n^m 的值，从而简化运算.

16. 例 8(1) 是一个没有限制条件的组合问题，即从 8 个不同的元素中取 3 个元素的组合数；例 8(2) 是有限制条件的组合问题，其实质是从除去 1 个元素后的 7 个不同元素中选出 2 个元素的组合数. 此题的背景是八大菜系，帮助学生了解中国传统餐饮文化，增强文化自信.

17. 例 9 旨在让学生更好地理解组合概念，例 9(1) 中，由于乘法满足交换律，故求积与顺序无关，是个组合问题. 而例 9(2) 中，是任取两个数求它们的商，与谁做被除数，谁做除数有关，故与顺序有关，是个排列问题. 通过对两个问题进行对比，体会排列与组合的联系与区别. 师生可以再类比列举更多排列与组合问题的例子，让学生归纳出排列与组合的相同点与不同点，并抓住区分排列与组合的关键.

18. 练习 8.2.2 的第 1、3 题是利用组合数公式解决实际问题，是例 8(1) 的变式训练. 第 2 题旨在让学生熟悉组合数公式及组合数性质的运用. 第 4 题旨在引导学生区别排列问题与组合问题，并能运用合适的公式进行计算，是例 9 的变式训练. 第 5 题(1)(2) 问分别是一个没有限制条件的组合问题和一个有限制条件的组合问题，是例 8 的变式训练.

19. 教材 8.2.3“情境与问题(1)”是对三极管进行抽样检查的有限制条件的组合问题,其中第(3)问用间接计算法,即用任意抽取 3 个二极管的取法数,减去取出 0 件次品即 3 个合格品的取法数即得答案.在实际教学中,要注意引导学生理解“至少有一件次品”的含意,即“1 个次品 2 个合格品”、“2 个次品 1 个合格品”或“3 个次品”,其解题思路是“先分类,后分步”,需要综合应用两个计数原理以及组合知识解题.在解决排列组合问题时,若遇到直接解题步骤多,不易计算的情况,借助间接法解题更为简便,这就是“正难则反”的思想.

20. “情境与问题(2)”是有关排队的排列问题,第(1)问的实质是 7 个元素进行全排列;第(2)(3)问是有限制条件的排列问题.第(2)问要“3 名教师必须站在一起”,解决这类相邻问题,需先把相邻的全部元素视为一个整体,即作为一个元素与其他元素放在一起进行排列,求出排列数;然后将相邻的元素进行内部排列,求出排列数;最后根据分步计数原理,将两次所得排列数相乘即得解.第(3)问要实现“3 个教师必须互不相邻”,对于这类不相邻问题,先将无限制条件的元素进行排列,再将要求不相邻的元素进行“插空”排列,排在已排好元素的空隙之中,最后采取分步计数原理求解.解决第(2)问和第(3)问时,要注意渗透分步思想,引导学生进一步掌握有序思考的方法,利用“捆绑”或“插空”的处理原则,化难为易.

21. “情境与问题(3)”是运用排列组合解决概率计算的问题;“情境与问题(4)”是组合与概率的综合应用.这类问题既考察逻辑思维能力,又考查运算能力,要求学生对概率公式有深刻理解并能准确运用.

22. “拓展延伸”部分对“鲁班锁”的介绍,展现了中国古代的科学成就,鼓励学生要有开拓创新、精益求精的工匠精神.

23. 练习 8.2.3 的第 1 题第(1)问是没有限制条件的组合问题,第(2)(3)问是有限制条件的组合问题,是“情境与问题(1)”的变式训练.第 2 题是有限制条件的排列问题,是“情境与问题(2)”的变式训练.第 3 题和第 4 题分别以函数和立体几何为载体,是组合与概率的综合应用.

24. 习题 8.2A 组【知识巩固】,第 1 题旨在巩固利用排列数公式进行计算.第 2 题旨在巩固利用组合数公式和组合数的性质进行计算.第 3 题是例 9 的变式训练,有助于学生准确区分排列与组合,加深学生对排列与组合的理解.第 4 题的实质是一个排列问题.B 组【能力提升】第 1 题是有限制条件的组合问题,是“情境与问题(1)”的变式训练.第 2 题和第 3 题,是组合与概率的综合应用.C 组【学以致用】第 1 题是有限制条件的排列问题中的不相邻问题.第 2 题是排列与组合的综合应用.

六、问题设计

1. 排列与组合的联系与区别是什么?

从排列与组合的定义可以知道,两者都是从 n 个不同元素中取出 m 个($m\leqslant n, m, n\in\mathbf{N}^*$)元素,这是排列与组合的共同点.它们的不同点是:排列是把元素取出后,再把取出的元素按顺序排列成一列,它与元素的排列顺序有关系,而组合只要把元素取出来就可以,与取出元素的排列顺序无关.对于排列,只有元素相同且排列顺序也相同的才是相同的排列;而对于组合,只要两个组合的元素相同,不论元素的顺序如何,都是相同的组合.如 ab 与 ba 是两个不同的排列,但却是同一个组合.

2. 排列组合应用问题的常用解题策略有哪些?

(1) 特殊元素(位置)法:以元素为分析对象,先满足特殊元素的要求,再考虑一般元素,称为特殊元素法;而以位置为分析对象,先满足特殊位置的要求,再考虑一般位置,称为特殊位置法.

(2) 插空法:对于要求某几个元素不相邻的问题,宜采用插空法.即先排好没有限制条件的元素,然后将有限制条件的元素插入排好元素的空档之中.

(3) 捆绑法:对于要求某几个元素必须排在一起的问题,宜采用捆绑法.即将需要相邻的元素合并为一个元素,与其他元素一起进行排列,同时要注意合并元素内部也要进行排列.

排列、组合应用题,困难在于对问题实质的理解,这是一个数学化的过程,需要通过不同情境加强训练.

(4) 间接法:如果问题的正面分的类较多或正面问题计算较复杂,而反面问题分的类较少或计算较简便,则用“直接法”较麻烦,往往采用“间接法”.即先不考虑附加条件,计算出总排列数,再剔除不符合限制条件的情况.

七、习题答案

练习 8.2.1

1. (1) 6 ;(2) 7 .

2. (1) 210 ;(2) 120 ;(3) 648 ;(4) 3 024;(5) $\dfrac{1}{2(n+1)}$.

3. $P_5^2=20$.

4. 方法一(直接法):$3P_3^3=18$;　方法二(间接法):$P_4^4-P_3^3=18$.

练习 8.2.2

1. $C_5^3=10$,具体为 $\triangle ABC$, $\triangle ABD$, $\triangle ABE$, $\triangle ACD$, $\triangle ACE$, $\triangle ADE$, $\triangle BCD$, $\triangle BCE$, $\triangle BDE$, $\triangle CDE$.

2. (1) $C_9^6=C_9^3=84$;(2) $C_{13}^{12}=C_{13}^1=13$;(3) $C_{99}^{97}+C_{99}^{96}=C_{100}^{97}=C_{100}^3=161\ 700$;(4) $3C_7^5-2C_5^4=3C_7^2-2C_5^1=63-10=53$.

3. $C_{12}^2=66$.

4. (1) $P_{14}^2=182$;(2) $C_{14}^2=91$.

5. (1) $C_9^4=126$;(2) $C_7^2=21$.

练习 8.2.3

1. (1) $C_{10}^3=120$;(2) $C_6^3=20$;(3) 方法一(直接法):$C_4^1\cdot C_6^2+C_4^2\cdot C_6^1+C_4^3=100$;方法二

(间接法):$C_{10}^3-C_6^3=100$.

2. (1) $P_2^2\cdot P_7^7\cdot=10\ 080$;(2) $P_6^6\cdot P_7^2\cdot=30\ 240$.

3. $P=\dfrac{C_5^1\cdot C_3^1}{6\times5}=\dfrac{1}{2}$.

4. $P=\dfrac{2}{C_8^2}=\dfrac{1}{14}$.

习题 8.2

A 组

1. (1) 20 ;(2) 336 ;(3) 0 ;(4) $\dfrac{1}{5}$.

2. (1) $C_{10}^8=C_{10}^2=45$; (2) $C_{200}^{198}=C_{200}^2=19\ 900$;

(3) $C_{20}^{18}+C_{20}^{17}=C_{21}^{18}=C_{21}^3=1\ 330$; (4) $4C_{10}^4-3C_8^3=840-168=672$.

3. (1) $C_{20}^3=1\ 140$;(2) $P_{20}^3=6\ 840$.

4. $P_6^6-1=719$.

B 组

1. $C_6^1\cdot C_4^2+C_4^1\cdot C_6^2=96$.

2. $P=\dfrac{C_3^2+C_3^2}{C_6^2}=\dfrac{2}{5}$.

3. (1) $P=\dfrac{1}{C_7^4}=\dfrac{1}{35}$; (2) $P=\dfrac{C_3^2\cdot C_4^2}{C_7^4}=\dfrac{18}{35}$;

(3) $P=1-\dfrac{1}{C_7^4}=\dfrac{34}{35}$.

C 组

1. $P_5^5\cdot P_6^3=14\ 400$.

2. $C_5^2\cdot C_4^2\cdot P_4^4=1\ 440$.

八、教学反思

8.3 二项式定理

一、知识准备

1. 分类、分步计数原理.

2. 排列与排列数公式.

3. 组合与组合数公式.

二、新知结构(图 8-3)

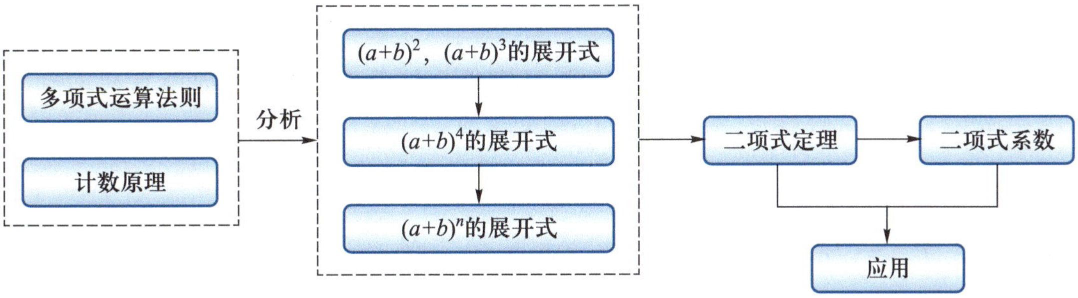

图 8-3

三、教学目标

1. 会展开一个二项式,会用二项展开式的通项公式求展开式中的某一项.

2. 能感知二项展开式中二项式系数及其性质,并注意区分二项式系数与项的系数,培养数学运算及逻辑推理的核心素养.

3. 通过猜想、证明、归纳,体会化归思想,形成科学严谨的态度,养成认真规范、注重细节的思维习惯.经历合作学习的过程,培养团队协作的意识.

四、重点难点

重点:二项式定理、二项展开式的通项公式及其运用.

难点:用多项式运算法则和计数原理推导二项式定理.

五、教学提示

1. 教材 8.3.1“情境与问题”利用多项式乘法法则推导了$(a+b)^2$和$(a+b)^3$的展开式,旨在让学生熟悉多项式的乘法运算,为引导学生利用多项式运算法则和计数原理推导出$(a+b)^4$及$(a+b)^n$的展开式作铺垫. 这种引入方式的难点在于跨领域知识的运用,即用计数原理的知识去解决多项式乘积展开的问题. 它能帮助学生转换看问题的角度,建立不同领域知识之间的联系，灵活运用数学知识.

2. 对于$(a+b)^n$的推导，关键是要明确两件事：一是多项式相乘如何转化为计数问题；二是用组合知识确定展开式每一项的形式和系数. $(a+b)^n$是n个$(a+b)$相乘，根据多项式的乘法法则，每个$(a+b)$在相乘时可以选a或选b，且当每个$(a+b)$中的a或b选定后，才能得到展开式中的一项，即$(a+b)^n$展开式中的各项都是每个括号里任取一个字母的乘积，均为n次式. 这样，我们就将多项式乘积展开的问题转化为一个计数问题. 利用分步计数原理，就可以得到某项的形式是$a^{n-k}b^k(k\in\{0,1,2,\cdots,n\})$，利用组合知识，就可以得到该项的系数为$C_n^k(k\in\{0,1,2,\cdots,n\})$.在没有一定实际问题情境时，让学生发现多项式乘积展开问题和计数问题的联系并不容易. 因此，这部分教学需要教师的引导或讲解.

3. 在介绍二项式定理后，应引导学生认识以下几点：

（1）展开式有$n+1$项.

（2）各项的次数都为n.

（3）字母a按降幂排列，次数由n递减到0；字母b按升幂排列，次数由0递增到n.

（4）系数$C_n^k(k\in\{0,1,2,\cdots,n\})$称为二项式系数（第$k+1$项的），它们依次为$C_n^0,C_n^1,C_n^2,\cdots,C_n^k,\cdots,C_n^n$.

4. 通项公式$T_{k+1}=C_n^k a^{n-k}b^k$是本节内容的重点之一，教学中应引导学生认识以下几点：

（1）T_{k+1}是$(a+b)^n$的展开式的第$k+1$项$(k\in\{0,1,2,\cdots,n\})$.

（2）字母a和b是一种“符号”，实际上它们可以是数或代数式，只要具备$(a+b)^n$的形式，就可以用二项式定理写出展开式.

5. 例1第二问考查了二项展开式的特例$(1+x)^n=C_n^0+C_n^1x+C_n^2x^2+\cdots+C_n^kx^k+\cdots+C_n^nx^n$，这是令$a=1,b=x$而得到的. 对二项展开式及其通项进行一些变换，有利于加深学生对定理的理解.

6. 要区别二项展开式中某项的二项式系数与这一项的系数这两个不同的概念. 二项式系数是一组仅与二项式的次数n有关的$n+1$个组合数，它与a和b的值无关.

7. 本小节的三个例题的设计目的在于使学生熟悉二项展开式及其通项公式，培养学生的数学运算的核心素养. 教学时可以让学生在教师的引导下尝试独立完成，强调符号和系数即可.

8. 教材8.3.2“情境与问题”实际上是各二项式系数和的应用，通过这个实际问题的引入，让学生自由探究二项式系数的各种性质和一般规律.

9. 教材以表格形式给出了$n=0,1,2,\cdots,6$时，$(a+b)^n$展开式的二项式系数. 此时要求学生观察表格，探索其中的规律. 然后变化表示形式，要求学生观察表8-2，再次探索其中的规律. 在教学中，建议让学生自主计算、观察和归纳其中的规律.

10. 教材中提出了4条二项式系数的性质.

（1）递归性. 每一行的两端都是1，其余的每一个数都等于它“肩上”两个数的和. 实际上，这正是8.2节组合数的性质2：$C_{n+1}^r=C_n^{r-1}+C_n^r$. 此性质学生比较容易在表8-2中发现，但很难提炼,需要教师的引导.

(2) 对称性. 每一行中与首末两端"等距离"的两个二项式系数相等. 实际上,这正是 8.2 节组合数的性质 1:$C_n^m=C_n^{n-m}$. 此性质从表 8-2 中可以直接看出.

(3) 增减性与最大值. 二项式系数先增大再减小,因此二项式系数最大的项为中间一项或两项,如果二项式$(a+b)^n$的幂指数 n 是偶数,那么它展开式正中间一项的二项式系数最大;如果二项式$(a+b)^n$的幂指数 n 是奇数,那么它展开式中间两项的二项式系数最大并且相等. 在理解二项式系数的增减性和最大值时,难点是需要根据幂指数的奇偶性确定相应的分界点,教学时可以引导学生进行分类讨论.

(4) 各二项系数的和. 由于$(1+x)^n=C_n^0+C_n^1x+C_n^2x^2+\cdots+C_n^kx^k+\cdots+C_n^nx^n$,令 $x=1$,则 $2^n=C_n^0+C_n^1+C_n^2+\cdots+C_n^n$. 教材 8.3.2"情境与问题"的结果,可利用此性质快速计算.

11. 教材 8.3.2 第一个"探究与发现",是引导学生从函数的角度研究二项式系数的性质,既便于建立知识的前后联系,又能使学生体会用函数知识研究问题的方法. 在教学中,建议让学生自己画出这个函数图像,利用几何直观进行思考,发现其中的规律,培养直观想象的核心素养.

12. 例 4 考查的二项式系数性质的应用,根据幂指数可确定二项展开式中二项式参数最大的项,这里需要引导学生厘清二项式系数与项的系数的区别.

13. 例 5 考查的是$(1+x)^n$展开式的应用,各二项式系数之和可以通过"赋值"的方法得到. 本例要求学生计算"奇数项的二项式系数之和"及"偶数项的二项式系数之和",设计目的在于:(1) 巩固学生对组合数公式的运用;(2) 通过例后的"探究与发现"引导学生对比计算结果,猜想并验证"奇数项的二项式系数之和与偶数项的二项式系数之和相等"的结论,培养学生数学运算和逻辑推理的核心素养.

14. "拓展延伸"板块的学习需要学生具备较强的数学思维能力及逻辑推理的核心素养,教师可以选择性地讲授或引导学生归纳出其中蕴含的一般规律. 对于一个由 $m\times n$ 条线段组成的矩形格,从左上角 A 点到右下角 B 点,必须经过 $m-1$ 次"向下走"和 $n-1$ 次"向右走",因此,只需确定在这 $m+n-2$ 次移动中哪 $m-1$ 次是"向下走",即共有 C_{m+n-2}^{m-1} 种路径. 事实上,我们可以把"向右走"记为 a,把"向下走"记为 b,此问题就等同于在$(a+b)^{m+n-2}$的展开式中求出含 $a^{n-1}b^{m-1}$ 项的系数.

15. 习题 8.3 的题目主要考查二项式定理和二项式系数的性质的运用,目的是帮助学生巩固和理解本节新学知识.C 组题目考查了二项式定理的应用,难度较大,需要学生具备较高的数学运算、逻辑推理、数据分析等核心素养.

16. "信息技术应用"部分,输入指令以后,创建滑动条 n 和 r,滑动条 r 的区间设置为最小值 0,最大值 n,增量 1. 滑动条 n 的区间设置为最小值 0,增量 1,最大值为正整数即可. 右击滑动条,点击"启动动画",并设置跟踪点的轨迹,即可显示出二项式系数 $f(r)=C_n^r$ 的函数图像,为若干个离散的点. 观察图像可以发现,随着 r 的增大,函数值 $f(r)$ 先增大再减小,且函数图像是轴对称图形. n 是偶数时,图像为奇数个点,最中间一个点的函数值最大. n 是奇数时,图像为偶数个点,最中间两个点的函数值相等且最大.

六、问题设计

1. 如何通过对$(a+b)^2$,$(a+b)^3$ 展开式的探究推导出$(a+b)^n$ 的展开式?

这个问题可以引导学生从已经学过的$(a+b)^2$,$(a+b)^3$ 的展开式入手,分三个层次探究:层次一,分析$(a+b)^2$,$(a+b)^3$ 展开式的运算过程,明确多项式是如何相乘的,即展开式的每一项如何得到;层次二,运用上面分析运算过程中发现的方法和规律,尝试写出$(a+b)^4$ 的展开式;层次三,从特殊到一般,运用同样的方法推导出$(a+b)^n$ 的展开式. 学生学会利用多项式运算法则和计数原理分析$(a+b)^n$ 的展开过程,获得二项式定理,并加深对项数、各项次数、二项式系数的了解.

2. 二项展开式中某一项的系数与这一项的二项式系数有什么区别?

这个问题可在获得二项式定理后,帮助学生对二项展开式的通项进行细致的分析. 让学生明确展开式是对$(a+b)^n$ 这个标准形式而言的,它可以有很多变式. 字母 a 和 b 是一种"符号",实际上它们可以是数或代数式. 二项展开式中某一项的二项式系数与字母 a 和 b 的值无关,而二项展开式中某一项的系数则与字母 a 和 b 的值有关.

3. 二项式系数有哪些性质?

这个问题一方面帮助学生通过研究二项式系数的性质,让学生认识二项展开式的性质,体会立起计数原理、排列组合、二项式定理、杨辉三角等相关知识之间的联系. 另一方面,教师还可以引导学生进行开放性探究学习,鼓励学生观察、发现、归纳出更多二项式系数的性质,培养和提升学生的数学运算、逻辑推理和数据分析等核心素养.

七、习题答案

练习 8.3.1

1. (1) $243a^5+405a^4b+270a^3b^2+90a^2b^3+15ab^4+b^5$;

(2) $x^7-7x^5+21x^3-35x+\dfrac{35}{x}-\dfrac{21}{x^3}+\dfrac{7}{x^5}-\dfrac{1}{x^7}$.

2. $-\dfrac{160}{27}x^3y^3$, 20, $-\dfrac{160}{27}$.

3. $240x^3$, 60.

练习 8.3.2

1. 6.

2. $35a^3b^4$.

3. $15\pi^2x^4$, $15\pi^4x^2$.

4. 64, 32, 32.

习题 8.3

A 组

1. (1) C ;(2) B.

2. (1) 9,5;(2) 10,270;(3)28 160;(4) 1.

3. 924,924.

4. $-\frac{63}{8x^5}$.

5. −2.

B 组

1. 9.

2. 1 093.

C 组

$8^{10}-1$

$=(1+7)^{10}-1$

$=C_{10}^0\cdot 1^{10}\cdot 7^0+C_{10}^1\cdot 1^9\cdot 7^1+\cdots+C_{10}^9\cdot 1^1\cdot 7^9+C_{10}^{10}\cdot 1^0\cdot 7^{10}-1$

$=C_{10}^1\cdot 1^9\cdot 7^1+\cdots+C_{10}^9\cdot 1^1\cdot 7^9+C_{10}^{10}\cdot 1^0\cdot 7^{10}$

能被 7 整除.

八、教学反思

复习题 8 答案

A 组

一、

1. A.

2. C.

3. C.

4. D.

5. A.

6. D.

7. A.

8. B.

9. B.

二、

10. 30.

11. 120.

12. 40.

13. 72.

14. $256-1\ 024x+1792x^2-1792x^3+1120x^4-448x^5+112x^6-16x^7+x^8$.

15. $35,-\frac{35}{8}$.

三、

16. 125,60.

17. P_{20}^{8}.

18. 15.

19. (1) 18;(2) 10;(3) 30;(4) 34.

20. 98.

21. $\frac{1}{5}$.

22. 2.

23. 0.

B 组

1. 8.

2. 185.

3. 8.

4. 96,36.

5. $\frac{89}{245}$.

6. (1) 729;(2) 664;(3) 364.

7. 星期一.

Ⅳ 教案示例

组合(第 1 学时)

一、内容分析

本节课的教学内容是教材 8.2.2 组合第一学时,是两个计数原理及排列知识的延续,也是后续利用排列组合进行概率计算和学习二项式定理的基础,因此本节课在整个章节中起到了承上启下的作用.本节课主要是借助具体实例,类比排列的知识,探究组合的定义、组合数的定义、组合数计算公式,并从具体情境中体会排列与组合的区别与联系.通过对组合教学的探究,让学生体会类比、从特殊到一般等重要数学思想的应用.

二、教学目标

1. 借助学生生活中熟悉的例子创设问题情境,引导学生通过对实际问题的探究、思考、类比、分析,归纳形成组合、组合数的概念,体会组合与排列的联系与区别,培养学生的数学抽象能力.

2. 应用类比、从特殊到一般的思想方法,探究组合数公式的推导过程,并能简单应用,培养学生的逻辑推理能力和运算能力.

3. 引导学生在学习过程中,积累从具体到抽象的数学归纳方法,把握事物之间的基本联系,养成在日常学习和工作中应用抽象思维的意识和习惯,加深对事物联系普遍性观点的认识.

三、重点难点

重点:组合的概念、组合数公式、排列与组合的区别.

难点:组合数公式的推导.

四、教学策略

任务驱动法、自主探究、小组合作.

五、教学过程(表 8-4)

表 8-4

环节步骤	内容任务	双边活动	设计意图
课前	前置练习,初步认识 任务一: 问题 1:某校举行"学生会干部竞聘活动",将从甲、乙、丙、丁 4 名候选人中,挑选 2 人分别担任学生会主席和副主席,有多少种不同的选聘结果?请一一列举. 问题 2:某校举行"校园歌手大赛",某班有甲、乙、丙、丁 4 人想报名参加比赛,而学校给每个班级只分配 2 个名额,请问:共有几种不同的报名结果?并一一列举. 任务二: 收集身边生活中关于组合的案例	课前练习,一是巩固排列知识,二是引出问题,让学生带着疑问,走进课堂	通过熟悉的校园文化生活,激发学生学习的兴趣与积极性
课中	1. 创设情境,兴趣导入 问题 3:某社区准备从甲、乙、丙 3 名工作人员中选 2 人深入住户开展创建文明城市宣传活动,有多少种不同的选法? 2. 探索新知,形成概念 (1) 请一一列举问题 3 中的选法. (2) 问题 3 与上一节中"从甲、乙、丙 3 名学生中选 2 名分别担任服务小组的正、副组长,有多少种不同的选法"有什么区别? (3) 类比排列定义,尝试用数学的语言描述组合的定义. (4) 给出组合数定义. (5) 学生分享课前收集的组合案例. 3. 问题反刍,巩固概念 (1) 展示课前学习结果,总结组合与排列的区别,并用排列数和组合数表示结果. 问题 1:某校举行"学生会干部竞聘活动",将从甲、乙、丙、丁 4 名候选人中,挑选 2 人分别担任学生会主席和副主席,有多少种不同的选聘结果?请一一列举. 问题 2:某校举行"校园歌手赛",某班有甲、乙、丙、丁 4 人想报名参加比赛,而学校给每个班级只分配 2 个名额,请问:共有几种不同的报名结果?请一一列举. 分析: 问题 1:与顺序有关,为排列问题,即 $P_4^2=12$. 问题 2:与顺序无关,为组合问题,即 $C_4^2=6$. (2) 根据列举的结果,你是否发现 P_4^2 与 C_4^2 的联系? (3) 你能否尝试利用这种联系,找到 P_n^m 与 C_n^m 的联系?	通过容易混淆的问题引发认知冲突:有的学生认为是排列,而有的同学反对,觉得不要考虑顺序. 问题引导,得出组合定义.通过探究过程,使学生对组合概念的发生与发展过程有清晰的认识,体会组合概念的形成过程. 学生展示交流,通过框图形式进行直观对比表示,探索 P_4^3 与 C_4^3 的相互联系,发现对于每一个组合,相应的都	通过对比、分析发现在现实生活中:排列已经不能满足计数的需要,而有必要研究新的计数方法,从而引出新课. 从特殊到一般的思想以及排列与组合的关系入手探究组合数公式. 让学生熟悉组合数公式的构成,并对组合数公式进行简单应用.

续表

环节步骤	内容任务	双边活动	设计意图
课中	通过类比,我们可以得到组合数的计算公式. 一般的,从 n 个不同的元素中取 m 个元素的组合数为 $$C_n^m=\frac{P_n^m}{P_m^m}=\frac{n(n-1)(n-2)\cdots(n-m+1)}{m!} \quad (8-7)$$ 其中 $m,n\in\mathbf{N}^*$,且 $m\leqslant n$,公式(8-7)称为组合数公式. 由于 $$P_n^m=\frac{n!}{(n-m)!},$$ 因此,组合数的公式也可以写作 $$C_n^m=\frac{n!}{m!(n-m)!}. \quad (8-8)$$ 另外,规定 $C_n^0=1$. 4. 典例分析,巩固概念 例　计算 C_5^4、C_7^3、C_4^4 和 C_4^0. 分析:利用公式(8-7)计算,利用计算器检验. 5. 提升训练,突破重点 例　圆周上有 8 个点,以任意三点为顶点画圆内接三角形,一共可以画多少个? 分析:只需选出 3 个点,三角形就唯一确定,与三个点的排列顺序无关,所以问题即计算从 8 个不同元素中取 3 个元素的组合数. 6. 归纳小结,方法提炼 知识框架: 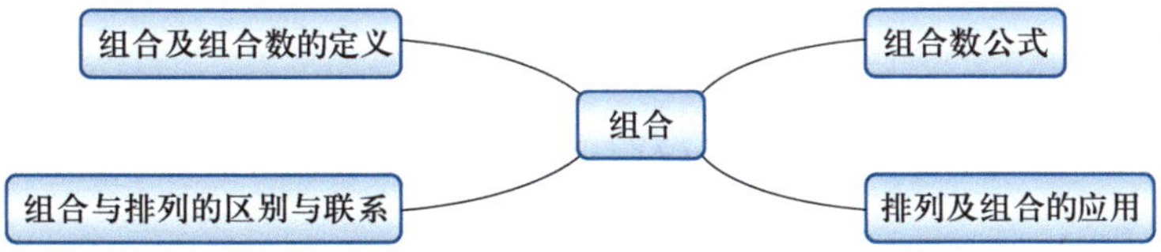 学习方法:“类比归纳”“从特殊到一般”.	有 P_3^3 种不同的排列.从而发现排列可以分为“先取元素,再作全排列”两个步骤,并类比这种联系,找到 P_n^m 与 C_n^m 的相互联系,得到组合数计算式. 学生独立完成学生代表回答教师适时提问师生共同分析公式的特点、作用. 学生套用公式计算,并用计算器检验. 学生演练. 教师展示思维导图,引导学生厘清知识脉络	进一步培养学生观察、归纳、猜想的数学能力;推理论证能力. 培养学生观察、归纳、类比、分析等思维能力 培养大胆质疑的学习习惯及辩证统一的思维能力
课后	7. 布置作业,拓展延伸 练习 8.2.2 第 1、2 题. 8. 延伸应用 (1) 在学校运动会的 200 米项目中,① 某班将从 6 名候选人中挑选 4 人参赛,有多少种选法? ② 某班将从 6 名候选人中选出 2 人不参赛,有多少种选法? ③ 以上两种不同的选法之间的区别与联系是什么?	学生独立完成	巩固组合及组合数概念,熟练掌握组合数公式应用.

续表

环节步骤	内容任务	双边活动	设计意图
课后	(2) 学校组织的一次志愿者服务,某班有 10 人报名,现在从中选 4 人参加服务活动,① 共有多少种不同的选法? ② 若其中的小丽一定被选,则有多少种选法? ③ 若其中的小丽不被选,则有多少种选法? ④ 以上 3 种选法之间存在怎样的联系?	学生独立完成	拓展延伸部分,旨在为下节课探究组合数的性质埋下伏笔

备注:

课堂教学应聚焦核心素养的达成.学科核心素养是学科知识与学习活动相互作用的结果,两者缺一不可.学科知识应呈现学科问题的发现过程、学科概念的提炼过程、学科命题的论证过程,引导学生在经历的数学活动中,通过体验、感悟、反思等形成数学核心素养.

在学习本节课前,学生已学习了两个计数原理、排列等知识.本节课借助这些已有的知识,以问题为引领,以活动为载体,以教师为主导,以学生为主体,创设有效问题情境,提供合适的探究材料,努力营造开放、民主、和谐的学习氛围,充分激发学生学习的兴趣与内驱动.通过观察、分析、类比、归纳,帮助学生理解组合的概念及组合数公式;注重渗透“类比归纳”“从特殊到一般”“分类讨论”“转化与化归”等重要数学思想方法,培养学生的自主学习、合作学习及数学表达能力.

V 素养拓展

杨辉三角与弹子游戏

在游乐场里,我们可以看到如图 8-4 所示的弹子游戏. 将小球从容器顶端投入,通过中间的竖直通道,碰到第一层阻挡物后等概率地向两侧跌落,碰到第二层阻挡物后又等概率地向两侧跌落到第三层. 如此下去,小球一直向下跌落,最终落入底层的长方形匣子中,根据小球落入的具体区域获得相应奖品. 那么,为什么两侧区域奖品的价值要远高于中间区域呢? 每个匣子对应的奖品又是怎样确定的? 为了获得最好的奖品,大约需要投掷多少个小球呢?

我们可以通过分析小球滚落的路径,找到小球跌入各层各通道的路径数与杨辉三角之间的联系. 利用杨辉三角中的数字规律和性质,推算小球落入各匣子的概率,为游戏结果的预测提供理论依据,揭示弹子游戏中奖品分配的秘密,在娱乐的同时,感受数学的价值和魅力.

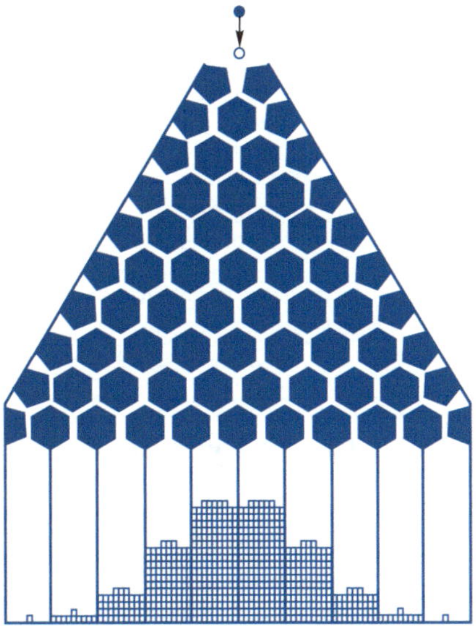

图 8-4

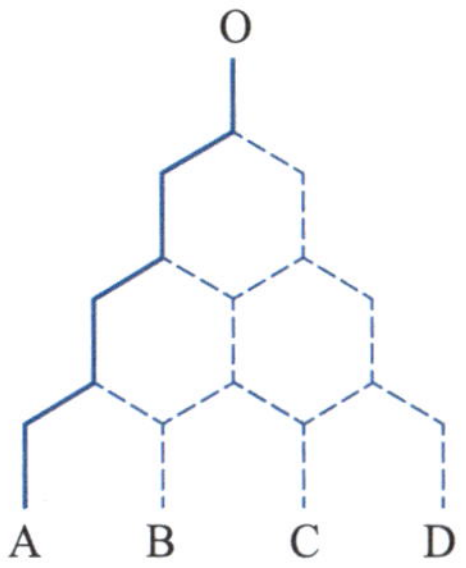

图 8-5

观察弹子游戏容器的结构，小球从顶端通过中间竖直通道的路径数为 1；小球跌落至第二层（该层所含竖直通道数即为层数）阻挡物后，等概率地滚入左右两侧的竖直通道，路径数分别为 1，1；跌落至第三层时，若小球滚入左侧的竖直通道，则它必然是由上一层左侧通道跌入（图 8-5），若小球滚入右侧的竖直通道，则它必然是由上一层右侧通道跌入，若小球滚入中间的竖直通道，那么它可能由上一层左侧或右侧的通道跌入，因此，落入第三层竖直通道（从左至右）的路径数分别为 1，2，1；依此类推，小球落入第四层四个竖直通道的路径数分别为 1，3，3，1.

在弹子游戏容器结构图中标出各层各通道的路径数（图 8-6），我们发现这组数据和杨辉三角（图 8-7）不谋而合. 由此可知，杨辉三角每层写的数字恰为弹子游戏中小球滚入该层各竖直通道（从左至右）的路径数. 因此，小球落入第 $n+1$ 层各竖直通道的路径数分别为 C_n^0，C_n^1，C_n^2，…，C_n^n. 这就是说，如果我们向一个总层数为 $n+1$ 层的弹子游戏容器中投入 $C_n^0+C_n^1+C_n^2+\cdots+C_n^n=2^n$ 个小球，那么理论上落入底层 $n+1$ 个匣子中的小球数量分别为 C_n^0，C_n^1，C_n^2，…，C_n^n. 事实上，对于某个小球而言，它通过第 $n+1$ 层的路径总数为 $C_n^0+C_n^1+C_n^2+\cdots+C_n^n=2^n$，根据概率的定义，可算得它落入底层 $n+1$ 个匣子的概率分别为 $\frac{C_n^0}{2^n}$，$\frac{C_n^1}{2^n}$，$\frac{C_n^2}{2^n}$，…，$\frac{C_n^n}{2^n}$.

由以上结论不难看出，小球落入长方形匣子的概率（从左至右）呈现先增大再减小的规律. 落入中间匣子的概率最大，落入两侧匣子的概率最小，并且小球落入左右对称位置的两个匣子的概率相等，而落入各个匣子的概率均可精确计算. 根据小球落入各个匣子的概率大小及比例，可分配不同价值的奖品. 现在你明白弹子游戏中的奥秘了吗？动手设计一个吧！

需要强调的是，弹子游戏属于随机试验，试验结果具有偶然性. 而我们利用上述结论计算的概率是理论值，它只能为我们预测游戏结果提供科学的参考依据，预测结果并不一定能与试验结果保持一致.

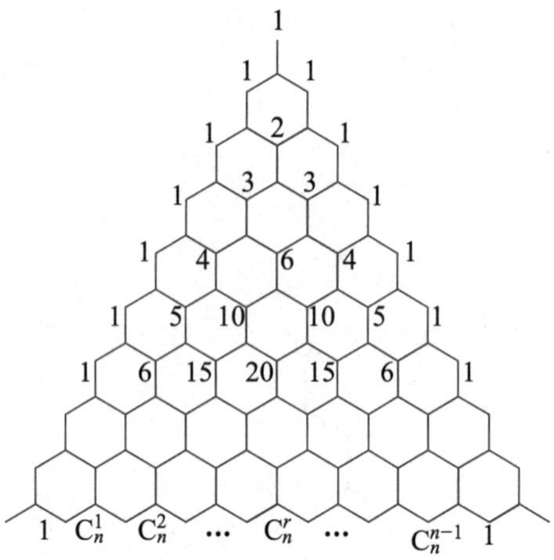

图 8-6

$$
\begin{array}{c}
1 \\
1 \quad 1 \\
1 \quad 2 \quad 1 \\
1 \quad 3 \quad 3 \quad 1 \\
1 \quad 4 \quad 6 \quad 4 \quad 1 \\
1 \quad 5 \quad 10 \quad 10 \quad 5 \quad 1 \\
\cdots\cdots \\
1 \quad C_{n-1}^1 \quad C_{n-1}^2 \quad \cdots \quad C_{n-1}^{r-1} \quad C_{n-1}^r \quad \cdots \quad C_{n-1}^{n-2} \quad 1 \\
1 \quad C_n^1 \quad C_n^2 \quad \cdots \quad C_n^r \quad \cdots \quad C_n^{n-1} \quad 1
\end{array}
$$

图 8-7

第9章 随机变量

I 教学要求

一、教学目标

在《数学 基础模块》我们主要学习了概率相关的概念、古典概率，以及应用古典概率解决生活中简单的实际问题，本章是《数学 基础模块》概率内容的拓展.通过教学使学生学会识别随机现象，辨析随机现象与随机变量之间的关系；会用概率模型表达随机现象，能用数据呈现的规律解释随机现象.

通过选取学生熟悉的实例，引导学生感知随机变量的概念、离散型随机变量的分布列及数字特征；帮助学生了解独立重复试验（伯努利试验）及其在产品质量检验等实际问题中的应用；引导学生感知二项分布及数字特征；借助频率直方图，使学生直观了解正态分布的特征.教学中，可以帮助学生结合并运用所学数学模型，解决一些简单的实际问题.

教学中要注重培养和提升学生的数学运算、数据分析、逻辑推理和数学建模等核心素养，同时可借助每节的“情境与问题”，加强课程思政.

二、课程内容与学时建议

本章教学约需 7 学时，具体分配建议见表 9-1.

表 9-1

内容	内容要求	学时建议
9.1 离散型随机变量及其分布	了解随机变量、离散型随机变量及其分布的含义；了解离散型随机变量的数字特征.了解独立重复试验；了解二项分布的概念及服从二项分布的随机变量的概率分布	4
9.2 正态分布	了解正态分布的概念与正态曲线；了解利用标准正态分布表，计算服从正态分布的随机变量的概率；初步了解用正态分布和正态曲线解决实际问题的方法	2
机动	习题课、复习课、测试等	1

Ⅱ　评价建议

一、水平层次(表 9-2)

表 9-2

学业水平描述	
水平一	水平二
在熟悉的单一情境中： 1. 能识别离散型随机变量的特征，知道离散型随机变量的分布列的性质及应用； 2. 能识别 n 次独立重复试验的特征和伯努利概型； 3. 能认识正态分布的特点及正态曲线的形状，知道正态分布可以解决有关的实际问题	在熟悉的关联情境中： 1. 达到水平一的 1—3； 2. 知道 n 次独立重复试验和伯努利概型在产品质量检验等实际问题中的应用； 3. 能感知随机变量的二项分布及数字特征

二、样题举例

1. 根据历次射击训练的记录，甲、乙两人命中环数的分布列如下：

射手甲：

命中环数 ξ	9	10
P	m	0.6

射手乙：

命中环数 η	9	10
P	0.8	0.2

(1) 求 m 的值；

(2) 试比较甲、乙两射手射击水平的高低及谁的射击水平比较稳定？

说明：此题旨在考查分布列的性质及数字特征，离散型随机变量的分布列具有以下性质：(1) $p_i \geqslant 0, i=1,2,3,\cdots,n$；(2) $p_1+p_2+\cdots+p_n=1$，题中求 m 的值就考查了性质(2). 离散型随机变量的均值(也叫期望值)和方差分别刻画了随机变量的平均取值水平及随机变量的取值相对于均值的平均波动大小或者说离散程度. 通过对均值和方差的计算可以初步判断甲、乙两人射击水平的高低和射击水平发挥的稳定性. 完成此题第(1)题可以视为达到一级水平，完成第

(2)题可以视为达到水平二.

2. 假设一项测验共有 20 道选择题,每题 4 个答案中有且只有 1 个是正确的,如果考生不知道正确答案,全凭随机猜测回答,且本次测验规定至少做对 12 题才能及格,那么他及格的可能性多大?

说明:考生做每道题时都是随机猜测回答,因此每道题回答的结果只有两个:正确和不正确,这相当于在相同条件下重复地做了 20 次独立重复试验.通过本题的计算让学生加深理解 n 重伯努利试验的概念,巩固二项分布概率的计算;根据计算的结果让学生体会依靠猜答案及格的可能性有多大,引导学生要认真学习.完成此题可以视为达到水平二.

3. 某地区高中数学竞赛中,4 000 名考生的竞赛成绩服从正态分布 $N(70.5,14.31^2)$,那么该区 4 000 名考生成绩超过 84.81 分(含 84.81 分)的人数大约为多少?

说明:本题旨在利用正态分布的相关知识解决简单的实际问题.解决随机变量 $\xi\sim N(\mu,\sigma^2)$ 的正态分布问题有三个关键点:

(1) 对称轴 $x=\mu$;

(2) 标准差 σ;

(3) 分布区间.

可利用对称性求指定范围内的概率值;由 μ,σ 分布区间的特征进行转化,使分布区间转化为 3σ 特殊区间;也可利用公式

$$P(\xi\geqslant a)=1-\Phi\left(\frac{a-\mu}{\sigma}\right),$$

$$或\ P(\xi<b)=\Phi\left(\frac{b-\mu}{\sigma}\right),$$

$$或\ P(a\leqslant\xi<b)=\Phi\left(\frac{b-\mu}{\sigma}\right)-\Phi\left(\frac{a-\mu}{\sigma}\right),$$

从而求出所求概率.完成此题可以视为达到水平二.

三、评价方法

本章知识难度较大,一些知识要求学生了解即可,对学生的评价更应注重其课堂表现、课内外作业的完成情况,同时结合单元测试进行综合性评价.单元测试题目不要太难,要符合学生的认知水平.综合评价方案应合理设置,起到全面评价学生数学知识的学习和掌握情况、数学学科核心素养达成情况的目的.

Ⅲ 教学建议

9.1 离散型随机变量及其分布

一、知识准备

1. 随机事件、随机现象的概念.

2. 古典概型的概率计算.

二、新知结构(图 9-1)

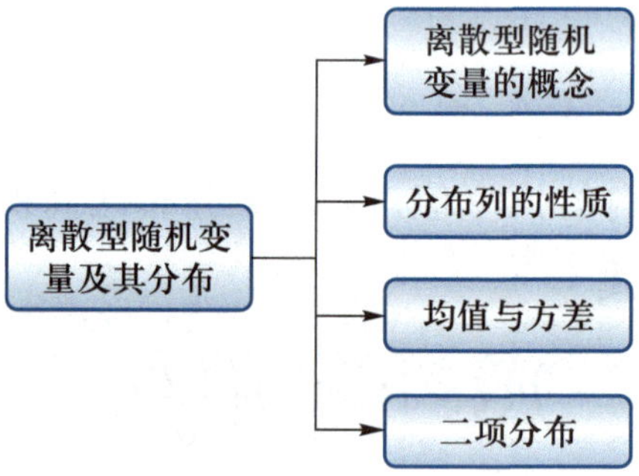

图 9-1

三、教学目标

1. 通过具体实例,了解离散型随机变量的概念,了解离散型随机变量分布列及其数字特征(均值、方差).

2. 通过具体实例,了解伯努利试验,了解二项分布及其数字特征,并能解决简单的实际问题.

四、重点难点

重点:离散型随机变量的概念及其数字特征;二项分布的计算.

难点:二项分布在实际问题中的应用.

五、教学提示

1. 本节通过学习离散型随机变量的概念、数字特征,研究离散型随机变量的二项分布,不仅进一步理解了离散型随机变量在描述随机现象中的作用,而且对随机思想在解决实际问题中的作用也有了更深入的理解.

2. 现实世界中有各种各样的随机现象，它们的复杂性差异很大.定义于不同样本空间上的随机变量最基本的有离散型和连续型两类.本节只研究取有限个值的离散型随机变量及其分布列.教材通过创设具体的随机试验情境，引导学生发现随机变量是样本空间到实数集的一一对应，这是随机现象数学化的进一步抽象，利用数学工具全面、系统地研究随机现象的规律提供了新方法.对离散型随机变量概念的教学，应结合典型的随机试验，引导学生建立样本空间，根据需要建立随机试验的结果到实数的对应关系，在共性分析的基础上归纳概括出随机变量的定义.

3. 通过实例引导学生发现离散型随机变量的分布列具有以下性质：

（1）$p_i \geqslant 0, i=1,2,3,\cdots,n$；

（2）$p_1+p_2+\cdots+p_n=1$.

讲解此性质时，可通过以下类似的问题加深理解，如：

（1）下表是离散型随机变量的分布列吗？

ξ	1	2	3
P	0.5	−0.2	0.7

（2）若下表是离散型随机变量的分布列，则 m 的值应为多少？

ξ	1	2	3
P	0.5	m	0.1

4. 对随机变量的研究，除了了解其可能取值及取值的概率外，在实际问题中，还需用一些“数值”刻画随机变量取值在某些方面的特征.例如，用均值刻画随机变量取值的平均水平，用方差刻画随机变量取值相对于其均值的离散程度.随机变量的均值是将随机变量不同取值的差异抹平的结果，而方差则要突出变量不同取值的差异，为了防止正、负偏差相互抵消，将每个可能取值与其均值的偏差平方后再取加权平均.

5. 根据中职学生的特点和《课程标准》的要求，教材通过直接给出均值与方差的定义引出离散型随机变量的数字特征.学生利用定义会求离散型随机变量的数字特征，并了解数学特征的含义即可.教材 9.1.2 中例 2 就是对离散型随机变量数字特征的计算及在实际问题中的应用，通过计算均值判断两人射击水平的高低，通过计算方差判断两人射击水平的稳定性.

6. 教材通过北京奥运会射击的项目设置情境，引出 n 重伯努利试验的概念，教学时可以借助问题与情境有机融入思政教育.教材中直接给出了离散型随机变量 ξ 服从参数为 n,p 的二项分布列，并没有讲解独立事件的概率计算，教学时对本部分内容不宜拓展太多，一些结论可以直接给出，比如二项分布列的推导，二项分布的均值和方差计算公式等，要求学生了解知识点，并能进行简单的应用即可.

7. 在随机抽样问题中，假设总体按某个属性分成两类，分别记为“T”和“F”，有放回的抽样时，各次试验结果相互独立，每次抽取个体都是一个伯努利试验，因此，在有放回的随机抽样中,样本中“T”出现的次数服从二项分布.教材 9.1.3 中例 4 就是有放回的随机抽样,其概率分布服从二项分布.

8. 教材 9.1.3 中例 6 是二项分布在实际问题中的简单应用,本题先假设预防药是无效的,经过计算发现“20 头生猪都不患病”是小概率事件,不可能发生,这说明我们开始的假设是错误的,从而说明预防药有效.

9. 在 9.1.3 的信息技术应用部分讲解了“用 Excel 软件计算随机变量的二项分布”,讲解本部分时教师可以利用多媒体技术边演示边讲解,然后让同学们利用计算机亲自操作一下,并结合课后练习第 2 题,加深理解并掌握.

六、问题设计

1. 古典概型的概率是如何计算的?

在讲解 9.1.2 例 1 时提出这个问题,复习古典概型计算的计算方法,同时为分布列的计算做好铺垫.

2. 你能否举出生活中 n 重伯努利试验的例子?

通过让学生举出生活中的一些实例,加深学生对 n 重伯努利试验的理解.

七、习题答案

练习 9.1.1

1. (1) 是,{0,1,2,3,4,5};

(2) 是,{1,2,3,4,5,6,7,8,9,10,11,12};

(3) 是,{2,3,4,5,6,7,8,9,10,11,12};

(4) 不是.

2. 甲队负,得 0 分;甲乙两队平,得 1 分;甲队胜,得 3 分.

练习 9.1.2

1. ①.

2. (1) ξ 的分布列

ξ	1	2	3	4	5	6
P	$\frac{1}{6}$	$\frac{1}{6}$	$\frac{1}{6}$	$\frac{1}{6}$	$\frac{1}{6}$	$\frac{1}{6}$

(2) $\frac{1}{3}$;

(3) $\frac{1}{2}$.

3. $E(\xi)=3.2$;$D(\xi)=1.56$.

练习 9.1.3

1.

ξ	0	1	2	3
P	0.027	0.189	0.441	0.343

2. 提示:该题可利用 Excel 软件计算随机变量的二项分布.

3. (1) 0.250 8;

(2) 0.633 1;

(3) 0.006 0.

习题 9.1

A 组

1.

ξ	0	1
P	0.5	0.5

2. $E(\xi)=3.2$;$D(\xi)=1.56$.

3. (1) 0.2;(2) 0.2;(3) 0.8;(4) 0.6.

4. 0.348 7.

5. (1) 0.048 6;(2) 0.996 3;(3) 0.656 1.

B 组

1. $a=\frac{5}{12}$;$b=\frac{1}{4}$;$c=\frac{1}{4}$.

2. 因为 $E(\xi)=1.7$,$E(\eta)=1.5$,所以甲投篮的水平高;

因为 $D(\xi)=0.61$,$D(\eta)=1.05$,所以甲投篮的水平更稳定.

3. 0.079 6.

4. 0.993 6.提示:甲队获胜包含甲队前 3 局获胜;或甲队第四局获胜,而前 3 局仅胜 2 局;或甲队第 5 局胜,而前四局仅胜 2 局,所以甲队获胜的概率为:

$$P(\text{甲队获胜})=\left(\frac{3}{5}\right)^3+C_3^2\times\left(\frac{3}{5}\right)^2\times\frac{2}{5}\times\frac{3}{5}+C_4^2\times\left(\frac{3}{5}\right)^2\times\left(\frac{2}{5}\right)^2\times\frac{3}{5}=0.682\ 6.$$

C 组

经计算发现,考生猜对 6 题的概率为 0.016 2;考生及格的概率为 0.019 7,也就是说考生依靠猜答案及格的可能性非常小,因此选择题设置四个选项就能起到考查学生的目的.

八、教学反思

9.2 正态分布

一、知识准备

1. 频率分布直方图的相关知识.

2. 随机变量均值与方差的计算.

二、新知结构(图 9-2)

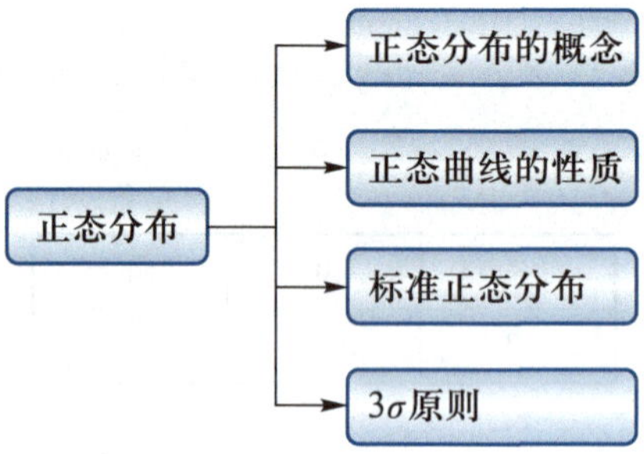

图 9-2

三、教学目标

了解正态分布的概念与正态曲线;了解利用标准正态分布表计算服从正态分布的随机变量的概率;初步了解用正态分布和正态曲线解决实际问题的方法,培养和提升学生的数学运算、逻辑推理和数学建模等核心素养.通过学习利用正态分布解决生活中的实际问题,感受数学来源于生活,并服务于生活.

四、重点难点

重点:正态分布的概念;正态分布的概率计算.

难点:正态分布在实际问题中的简单应用.

五、教学提示

1. 现实中有大量的随机变量,除了离散型随机变量之外,还有一类随机变量——连续型随机变量,它们的取值不能一一列举,不能使用分布列来描述其概率分布规律.在中职阶段,我们只研究服从正态分布的连续型随机变量.

2. 正态分布是概率论中最重要的一种分布,也是自然界最常见的一种分布.例如,测量的误差、射击时弹的落点、人的生理特征的指标(如身高、体重)、自动流水线生产的各种产品的质量指标(如零件的尺寸、袋装食盐的质量)等,都近似服从正态分布.一般来说,若某一数量指标受很多随机因素的影响,而每个单一因素的影响非常微小,则这个指标服从正态分布.

3. 教材从高尔顿钉板实验引入，借助频率分布直方图引出了正态曲线和正态分布的概念. 正态曲线方程是一个非常难的知识点，《课程标准》并没有对此提出要求，教学中可一带而过.

4. 教材图 9-15 是 $\mu=0$ 时某些正态分布的正态曲线.引导学生发现正态曲线的基本性质，教学时要讲清楚当 μ 确定时，σ 对曲线的形状的影响. σ 越大，曲线越"矮胖"，表示总体的分布越分散；σ 越小，曲线越"瘦高"，表示总体的分布越集中.

5. 教学中要强调 $\Phi(x)$ 表示的是服从标准正态分布的随机变量 ξ 取值小于 x 的概率，即 $\Phi(x)=P(\xi<x)$，同时要讲解如何查标准正态分布表.

6. 服从正态分布的随机变量 ξ 的计算公式

$$P(\xi\geqslant a)=1-\Phi\left(\frac{a-\mu}{\sigma}\right)$$

$$P(\xi<b)=\Phi\left(\frac{b-\mu}{\sigma}\right)$$

$$P(a\leqslant\xi<b)=\Phi\left(\frac{b-\mu}{\sigma}\right)-\Phi\left(\frac{a-\mu}{\sigma}\right),$$

教学中，只要求学生记住会用即可，对公式的推导证明可做简单的解释说明，不进行深入研究.

7. 教材中例 2 是利用随机变量 ξ 服从正态分布时的计算公式直接计算求值，通过这个例题加深对上述公式的理解与掌握，会求随机变量落入某个区域内的概率.

8. 要让学生牢记服从正态分布 $N(\mu,\sigma^2)$ 的随机变量 ξ 在区间 $(\mu-\sigma,\mu+\sigma)$，$(\mu-2\sigma,\mu+2\sigma)$，$(\mu-3\sigma,\mu+3\sigma)$ 内取值的概率分别是 0.682 6，0.954 4，0.997 4. 例 3 就是正态分布在实际问题中的简单应用. 通过例 3 的讲解，让学生理解 3σ 原则及简单应用.

六、问题设计

1. 学习了正态曲线的概念，正态曲线有什么性质呢？

观察图 9-15 中画出的 $\mu=0$ 时某些正态分布的正态曲线，引导学生总结出正态曲线具有的基本性质.

2. 能否利用正态分布解决生活中的一些实际问题呢？

讲解例 3 时，提出问题，引发学生思考，让学生理解正态分布可以帮助我们解决许多日常生活中的实际问题.

七、习题答案

练习 9.2

1. $P(\xi\geqslant 13)=0.000\ 031\ 7$；$P(\xi<4)=0.841\ 3$.

2. 身高在(172，180)的男生大约有 683 人.

3. (1) 寿命(单位：小时)在(900，1 100)的灯泡约有 6 826 个；

(2) 寿命(单位:小时)在(800,1 200)的灯泡约有 9 544 个.

习题 9.2

A 组

1. $P(\xi>3)=0.5$;$P(\xi<5)=0.841\ 3$.

2.(1) 随机变量 X 在$(-1,3)$内取值的概率为 0.682 6;

(2) 随机变量 X 在(1,5)内取值的概率为 0.477 2.

3. (1) 钢管内径尺寸(单位:mm)在(29,31)的产品大约为 954 个;

(2) 钢管内径尺寸(单位:mm)在(28.5,31.5)的产品大约为 997 个.

B 组

1. 估计身高在(165,175)内的服装应定制 1 432 套.

2. (1) 成绩不及格的人数大约占 15.87%;

(2) 成绩在 80~90 的学生大约占 13.59%.

八、教学反思

复习题 9 答案

A 组

1. D.

2. B.

3. C.

4. D.

5. D.

6. A.

7. C.

8. A.

9. D.

10. D.

11. $\frac{25}{12}$.

12. 4.5.

13. 0.409 6.

14. 0.682 6.

15. (1) ξ 的分布列如下.

ξ	2	3	4	5	6	7	8	9	10	11	12
P	$\frac{1}{36}$	$\frac{1}{18}$	$\frac{1}{12}$	$\frac{1}{9}$	$\frac{5}{36}$	$\frac{1}{6}$	$\frac{5}{36}$	$\frac{1}{9}$	$\frac{1}{12}$	$\frac{1}{18}$	$\frac{1}{36}$

(2) $\frac{5}{18}$;

(3) $\frac{5}{12}$;

(4) $\frac{1}{12}$.

16. (1) 0.409 6;(2) 0.737 28.

B 组

1. (1) 0.288;

(2)

ξ	0	1	2	3
P	0.216	0.432	0.288	0.064

(3) $E(\xi)=1.2$;$D(\xi)=0.72$.

2. 成绩不及格的学生约占 15.87%;成绩优秀的学生约占 2.28%.

Ⅳ 教案示例

二项分布

一、教学内容

二项分布是离散型随机变量的一种非常重要的分布,本节主要讲解 n 次独立重复试验;二项分布的概念及服从二项分布的随机变量的概率计算.二项分布是一种应用广泛的概率模型,是对前面所学知识的综合应用.本节课从实际出发,通过抽象思维,建立数学模型,进而认知数学理论,并应用于实际.

二、教学目标

1. 了解 n 次独立重复试验;理解二项分布的概念;会计算服从二项分布的随机变量的

概率.

2. 通过二项分布的学习,逐步培养和提升学生的数学运算、逻辑推理和数学建模等核心素养.

3. 通过学习二项分布在生活中的实际应用,感受数学来源于生活,并服务于生活.

三、教学重难点

重点:二项分布的概念.

难点:服从二项分布的随机变量的概率计算.

四、教学策略

1. 教学理念:先学后教、以学定教.

2. 教法学法

(1) 学法:自主探究小组合作.

(2) 教法:任务驱动法.

五、教学过程(表 9-3)

表 9-3

教学环节	教学内容	双边活动	设计意图
课前准备	1. 准备教学课件. 2. 布置学生提前预习本节内容,完成学案		
课中学习	【创设情境,兴趣导入】 北京奥运会于 2008 年 8 月 8 日晚上 8 时整在北京举办,8 月 24 日闭幕,中国以 51 枚金牌居金牌榜首名,是奥运历史上首个登上金牌榜首的亚洲国家.在本次奥运比赛中,射击项目为我国摘得首金.在赛前训练中,根据统计数据求得某射击选手命中靶心的概率是 0.9. 若该选手射击 10 次,问 10 次射击中恰有 8 次命中目标的概率是多少? 上面这个随机试验中,射击选手射击 10 次,每次命中目标的概率都是 0.9,并且只有命中和不命中两种实验结果.因此,所求的概率为 $C_{10}^{8}\times0.9^{8}\times0.1^{2}$.在这个随机试验中,每次射击只有两个结果——“命中”和“没有命中”,并且每次试验结果发生的概率互不影响. (教师可以根据学生的发言情况进行总结举例,如投篮的“投中”和“投不中”,种子的“发芽”和“不发芽”,抽检产品的“合格”和“不合格”等.) 1. 像这样,在相同条件下重复地做 n 次试验,若每一次试验只有两个可能的结果,并且每一次试验的结果发生的概率都不依赖于其他试验的结果,就把这 n 次试验称为 **n 次独立重复试验**或 **n 重伯努利试验**.	你还能举出生活中具有这种特点的随机试验吗?	通过学生举例,引导学生自己发现伯努利试验的特点.

续表

<table>
<tr><th>教学环节</th><th>教学内容</th><th>双边活动</th><th>设计意图</th></tr>
<tr><td rowspan="3">课中学习</td><td>2. 若在一次试验中事件 A 发生的概率是 p，则它不发生的概率 $q=1-p$. 于是，在 n 次独立重复试验中，事件 A 恰好发生 $k(k=0,1,2,\cdots,n)$ 次的概率为 $C_n^kp^kq^{n-k}$. 设 ξ 是 n 次独立重复试验中事件 A 发生的次数，则 ξ 的分布列为：
<table><tr><td>ξ</td><td>0</td><td>1</td><td>$\cdots$</td><td>k</td><td>$\cdots$</td><td>n</td></tr><tr><td>P</td><td>$C_n^0p^0q^n$</td><td>$C_n^1p^1q^{n-1}$</td><td>$\cdots$</td><td>$C_n^kp^kq^{n-k}$</td><td>$\cdots$</td><td>$C_n^np^nq^0$</td></tr></table>我们把上述概率分布称为二项分布，记作 $\xi\sim B(n,p)$. 有时，也说离散型随机变量 ξ 服从参数为 n,p 的二项分布. 计算可得
$E(\xi)=np,\qquad D(\xi)=npq\ (q=1-p)$.
【典型例题】
例 1　某射击选手每次命中目标的概率是 0.6，该选手射击 10 次，试问 10 次射击中：
(1) 恰有 4 次命中目标的概率；
(2) 恰有 6 次命中目标的概率；
(3) 全部命中目标的概率.
例 2　在 10 件产品中，有 3 件次品. 每次抽取一件，有放回的抽取 3 次，求取得的次品件数 ξ 的概率分布.
例 3　已知某离散型随机变量 ξ 服从下面的二项分布：
$P(\xi=k)=C_{10}^k0.2^k\,0.8^{10-k}$
$(k=0,1,2,3,4,5,6,7,8,9,10)$，
求 $E(\xi)$ 和 $D(\xi)$.
例 4　某地区流行一种猪瘟疫情，生猪患病的概率是 0.2，且每头生猪患病与否是彼此独立的. 现有一种新研制的预防药，任选 20 头生猪做实验，结果这 20 头生猪服用此药后均未患病，问此药是否有效?
3.【信息技术应用】
用 Excel 软件计算随机变量的二项分布.
(讲解本部分时，教师可借助多媒体技术，边演示边讲解，让学生同步操作，加深理解，并掌握)</td><td>总结 n 次独立重复试验的定义，直接给出服从二项分布的离散型随机变量分布列</td><td>通过例 1、例 2 巩固服从二项分布的离散型随机变量的概率计算.

通过例 3 巩固二项分布的均值和方差的计算方法.

通过例 4 的讲解，让学生理解数学来源于生活，并服务于生活</td></tr>
<tr><td>【归纳小结】
本节课学习了哪些内容? 重点和难点各是什么?</td><td></td><td></td></tr>
<tr><td>【课后作业】
(1) 阅读教材.
(2) 完成课后练习 9.1.3.
(3) 运用本课所学知识，搜集生活中相关的实际问题，试着加以解决.</td><td></td><td></td></tr>
</table>

续表

教学环节	教学内容	双边活动	设计意图
课后拓展	将一枚均匀硬币随机掷 100 次,相当于重复做了 100 次试验,每次有两个可能的结果(出现正面向上,不出现正面向上),出现正面向上的概率为 1/2.那么随机掷 100 次硬币恰好出现 50 次正面向上的概率是多少呢? 在学习概率时我们会有一种误解,认为既然出现正面向上的概率为 1/2,那么掷 100 次硬币出现 50 次正面向上是必然的,或者这个事件发生的概率应该很大.但事实并非如此. 设随机变量 ξ 为硬币出现正面向上的次数,则 ξ 服从 $n=100$, $p=\frac{1}{2}$ 的二项分布,那么恰好出现 50 次正面向上的概率为 $P(\xi=50)=C_{100}^{50}\left(\frac{1}{2}\right)^{50}\left(1-\frac{1}{2}\right)^{100-50}=C_{100}^{50}\left(\frac{1}{2}\right)^{100}$ $=0.08.$ 计算表明,掷 100 次硬币恰好出现 50 次正面向上的概率约为 8%.它说的是,许多人都投 100 次均匀硬币,其中大约有 8%的人恰好投出 50 次正面.另外有些人投出的正面次数可能是 48 次、49 次、51 次、52 次等.总起来看,出现正面向上的次数约占二分之一,这和均匀硬币出现正面向上的概率是二分之一是一致的.		

V 素养拓展

正态分布

"正态分布"也称"常态分布",这两个名字都不太直观,但如果我们称其为"正常分布",就很直观了,而这正是"正态分布"的本质含义——Normal Distribution.

正态分布是自然界最常见的一种分布.一般说来,若影响某一数量指标的随机因素很多,而每个因素所起的作用都不太大,则这个指标可以用正态分布来描述.例如,同一种生物体的身长、体重等指标;同一种种子的质量;测量同一物体的误差;某个地区的年降水量,等等.这里"描述"的意思指的是这些指标背后的数据都会呈现一种中间密集、两边稀疏的特征.以身高为例,服从正态分布意味着大部分人的身高都会在人群的平均身高上下波动,特别矮和特别高的都比较少见.

正态分布属于"连续型随机变量分布"的一类.对于连续型随机变量,我们不关注"点概率",只关注"区间概率".我们看这样一个例子,假设随机变量 ξ 是[0,1]这个区间上的任意一点，那么 ξ 的取值有多少个呢？无数多个.所以 ξ 取某一个具体的值的概率是 1 除以无数，即可以看作是 0.因此，对于连续型随机变量，我们通常不研究它取某个特定值的概率，而研究它在某一段区间上的取值（如身高在 1.75 m～1.85m）的概率.

一旦谈及正态分布，我们首先要想到它的两个参数：均值 μ 和标准差 σ，这两个数是我们运用正态分布解决实际问题的“利器”.

关于正态分布均值和标准差的性质，我们这里简单总结如下：

（1）概率密度曲线在均值 μ 处达到最大，并且对称.

（2）一旦均值和标准差确定，正态分布曲线也就确定.

（3）正态随机变量在特定区间上的取值概率由正态曲线下的面积给出，而且其曲线下的总面积等于 1.

（4）均值决定正态曲线的具体位置；标准差决定曲线的“陡峭”或“扁平”程度：标准差越大，正态曲线越扁平；标准差越小，正态曲线越陡峭.这是因为，标准差越小，意味着大多数变量值离均值的距离越近，因此大多数值都紧密地聚集在均值周围，图形呈现“瘦高型”.相反，标准差越大，数据跨度就比较大，分散程度大，图形呈现“矮胖型”.

正态分布一般满足的 3σ 原则为：数值分布在 $(\mu-\sigma,\mu+\sigma)$ 中的概率为 0.682 7；数值分布在 $(\mu-2\sigma,\mu+2\sigma)$ 中的概率为 0.954 5；数值分布在 $(\mu-3\sigma,\mu+3\sigma)$ 中的概率为 0.997 3.可以认为，正态随机变量的取值几乎全部集中在 $(\mu-3\sigma,\mu+3\sigma)$ 区间内，超出这个范围的可能性仅占不到 0.3%.下面我们来看一个实际应用的例子：某中学欲为 3 000 名新高一的同学制作校服，根据大数据统计分析可以知道，高一新生身高的平均值和标准差分别为 1.7 m 和 0.05 m，我们知道身高一般是服从正态分布的，由此我们可以知道这个学校有 68%的学生的身高在 1.65 m 到 1.75 m（均值加减一个标准差），有 95%的学生身高在 1.6 m 到 1.8 m 之间（均值加减两个标准差），由此便极大地提升了我们对数据的掌握程度，可以按人数比例提前准备好校服，最后只需对偏高或偏矮同学的校服进行调整即可.

正态分布广泛存在于自然现象、生产、生活及科学技术的许多领域之中，在概率和统计中占有重要地位.善于利用这个工具，对我们解决好实际生活中的问题起着重要的作用.

第10章 统　计

I　教学要求

一、教学目标

在《数学　基础模块》统计初步的基础上，通过样本数据，使学生掌握运用恰当的统计指标估计总体的集中趋势与离散程度的方法；会求一元线性回归方程，并能根据方程对实际生活中的相关关系进行合理预测.

通过具体实例，引导学生感知用样本估计总体的集中趋势与离散程度的必要性和科学性，帮助学生学会用算术平均数、中位数、众数估计样本的集中趋势，用极差、方差与标准差、离散系数估计样本的离散程度，进而了解这些参数的统计含义；引导学生了解利用一元线性回归模型研究变量之间的随机关系，并进行预测的方法，帮助学生积累数据分析的经验，能在实际问题中综合分析并选择使用更加合理的样本数据参数描述总体的集中趋势与离散程度，逐步提升学生数据分析、数学运算和数学建模的核心素养.

结合教材中融入的中国科技发展、经济增长、体育运动等元素，培养学生的爱国主义情怀，树立热爱祖国，热爱生活，积极进取的生活态度.

二、课程内容与学时建议

本章教学约需 7 学时，具体分配建议见表 10-1.

表 10-1

内容	内容要求	学时建议
集中趋势与离散程度	了解用样本数据估计总体的集中趋势与离散程度的参数；掌握用算术平均数、中位数、众数衡量样本的集中趋势，用极差、方差与标准差、离散系数描述样本的离散程度的方法；了解用样本估计总体的取值规律	4

续表

内容	内容要求	学时建议
一元线性回归	了解样本线性相关关系和一元线性回归模型的含义，了解求一元线性回归方程的方法，初步掌握用一元线性回归模型进行预测的方法	2
机动	习题课、复习课、测试等	1

Ⅱ　评价建议

一、水平层次（表 10-2）

表 10-2

学业水平描述	
水平一	水平二
在熟悉的单一情境中： 1. 会用合适的符号表示各统计参数，会求表示样本数据集中趋势与离散程度的各统计参数的大小； 2. 能根据所求出的统计参数比较样本数据的集中趋势与离散程度； 3. 会判断两个变量是否是线性相关关系，并能根据所给数据求出一元线性回归方程	在熟悉的关联情境中： 1. 达到水平一的 1—3； 2. 会运用合适的统计参数描述样本的集中趋势与离散程度；会用一元线性回归模型对两个随机变量进行预测

二、样题举例

1. 如果一组数据 5，x，3，4 的算术平均数是 5，则 x=________.

说明：此题旨在考查学生算术平均数的掌握情况.完成此题可以视为达到一级水平.算术平均数的概念与计算比较简单，针对这一知识，可以用多种方式提出问题，让学生对于算术平均数有更充分的认识.

2. 一组数据是 23，27，20，18，12，x，它的中位数是 21，则数据 x 是（　　）.

A. 21　　　　B. 22　　　　C. 23　　　　D. 24

说明：此题旨在考查数据个数为偶数时的中位数的求法，解决此题的关键在于如何确定 x 的位置，考查学生能否正确计算中位数.完成此题可以视为达到水平二.

3. 若数据 10，12，9，-1，4，8，10，12，x 的众数是 12，则 x=________.

说明：此题旨在考查众数的求法.完成此题可以视为达到水平一.

4. 一组数据 1，-2，0，4 的极差为________.

说明：此题旨在考查极差的运算，完成此题可以视为达到水平一.

5. 甲、乙两位学生在一年所有的数学测试中，成绩的算术平均数相等，但是方差不相等，下列对他们数学学习情况的评价，错误的是(　　).

A. 因为他们数学成绩的算术平均数相等，所以估计两位同学数学的平均水平相等

B. 方差小的同学数学成绩稳定

C. 方差大的同学数学成绩稳定

D. 若从两人中选择一人参加数学竞赛，应该选择方差较小的同学参加

说明：此题旨在考查用样本的算术平均数和方差来估计总体的集中趋势与离散程度，完成此题可以视为达到一级水平.本章需要理解的内容较多，多从实例出发，让学生对于集中趋势与离散程度有个感性的认识，通过统计参数对总体的某一特性做出正确的评价.

6. 某射手在相同条件下射击 5 次，命中的环数分别为 7，9，9，8，7，则这组数据的标准差为(　　).

A. 0.64　　B. 0.80　　C. 0.89　　D. 1

说明：此题旨在考查标准差的计算.完成此题可以视为达到一级水平.

7. 某公司研发了一种新产品，经过市场调研，对公司 1—6 月销售单价 x(千元)和销售量 y(千件)进行了统计，见表 10-3.

表 10-3

月份	1	2	3	4	5	6
x(千元)	9	9.5	10	10.5	11	8
y(千件)	11	10	8	6	5	15

根据 1—6 月的数据，建立 y 关于 x 的一元线性回归方程.

说明：此题旨在考查一元线性回归方程的求法，完成此题可以视为达到水平一.

三、评价方法

1. 本章的知识难度并不大，但公式多、符号多、计算比较复杂，需要学生对知识有全面系统的认识，并能通过所学参数对数据做出判断.所以在教学中，要多从实际问题出发，帮助学生理清思路，加深理解，可以采用抢答游戏、定时训练等方式进行评价.

2. 教学中，建议注重学生数据分析核心素养的培养，强调统计的意义就在于用样本来估计总体，所以对样本数据的分析是关键.在解决此类问题时，严格应用公式求出样本数据的某一统计参数，借助这一参数来估计总体数据的某一特征.例如，用算术平均数估计总体的平均水平，用标准差估计总体数据的离散程度，用一元线性回归方程做出预测等.

3. 统计的学习是中职数学的最后一部分，《数学　基础模块》的统计初步让学生对于统计有了浅显的认识，本章是在学生对统计有初步理解的基础上，对如何应用样本估计总体等相关知识进行了拓展，是一个循序渐进的过程，不宜操之过急，贸然加大难度.在教学中，应激发、调动学生的学习积极性，帮助学生重塑学习信心.

Ⅲ 教学建议

10.1 集中趋势与离散程度

一、知识准备

1. 平均数的求解.
2. 义务教育阶段所学的中位数与众数.
3. 方差与标准差的计算.
4. 用科学计算器计算方差和标准差的方法.

二、新知结构(图 10-1)

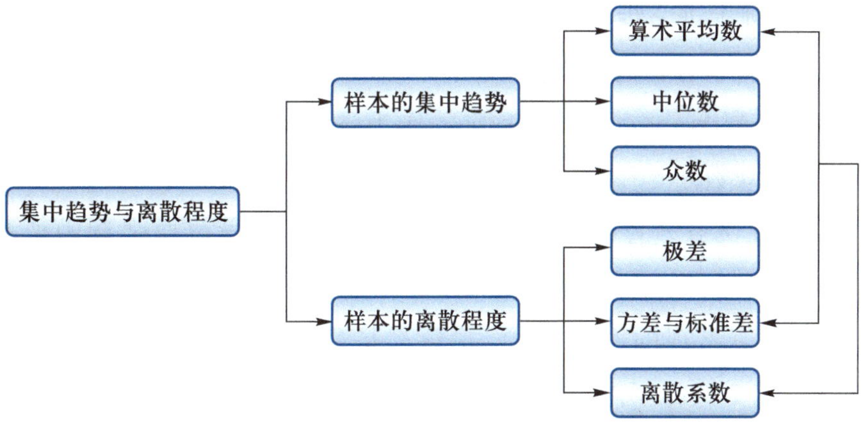

图 10-1

三、教学目标

1. 能用正确的数学符号表示算术平均数、中位数、极差、方差、标准差和离散系数.
2. 能求出一组数据的算术平均数、中位数、众数、极差、方差、标准差和离散系数.
3. 能用统计参数比较两组数据的集中趋势与离散程度.

四、重点难点

重点:描述样本集中趋势与离散程度的统计参数的求解.

难点:用统计参数比较样本数据的集中趋势与离散程度.

五、教学提示

1. 义务教育阶段已经学习过中位数与众数，在《数学　基础模块》的统计初步中也学习过了算术平均数、方差和标准差等概念，本章将在以前学习的基础上，对如何应用统计参数用样本估计总体进行深入的研究，同时增加了加权算术平均数、离散系数、一元线性回归等知识，让学生能够在日常生活中，应用这些统计知识进行数据分析，加深对数学来源于生活，服务于生活的理解.

2. 本节教材的引言承接《数学　基础模块》统计初步用样本的频率分布估计总体的频率分布，用样本的数字特征估计总体的数字特征，提出其中样本均值和样本方差分别体现了样本数据的集中趋势和离散程度，引出本节内容——集中趋势与离散程度.

3. 教材从两名短道速滑运动员备战 2022 年北京冬奥会的 5 次训练成绩入手，提出问题，“哪位运动员的训练成绩更好？”引导学生思考如何判断样本数据集中在哪个数据附近，引出集中趋势，进而介绍常用的表示集中趋势的三个参数——算术平均数、中位数和众数.

4. 从算术平均数引出加权算术平均数，引导学生理解“算术平均数是加权算术平均数的特例”，其实两个平均数并没有本质的区别，都是用所有的数据之和除以数据的个数来表示数据的集中趋势.教材用例 1 进一步加深学生对于加权算术平均数的理解.但同时也要强调极端值对算术平均数的影响，本教材通过“想一想：为什么在某些比赛中，一般去掉一个最高分，去掉一个最低分之后，取剩余分数的算术平均数作为选手的最后得分？”对这一现象进行了阐释，同时引出中位数与众数.

5. 中位数与众数在义务教育阶段已经接触，高中阶段的学习要强调中位数要注意“数据个数为奇数或偶数时”的区别；众数要强调“若所有数值出现的次数一样多，则认为这组数据没有众数，若有多个数值出现的次数相同，并且都是最多，则这几个数值都是这组数据的众数.”这两点教材通过例 2 进行了阐释.

6. 教材在最后说明“算术平均数表示一组数据的平均水平，中位数是一组数据按大小顺序排列后的中间值，众数是一组数据中出现次数最多的数据，它们从不同的角度表示了一组数据的集中趋势”对三个参数进行简单的描述，便于学生在实际问题中选择合适的参数表示样本数据的集中趋势.同时，教师可以说明“集中趋势只从一个侧面说明了数据的分布特征，不能反映各个数据之间的差异以及各个数据远离其算术平均数的程度”，引出样本的离散程度.

7. 本教材从情境与问题(1)“复兴号高铁某种零件招标”引发学生对于样本离散程度的思考，并表明“常用的反映数据离散程度的统计量有极差、方差、标准差和离散系数等”，让学生对数据的集中趋势与离散程度有个简单的对比，同时为学习具体的表示数据离散程度的统计量做铺垫.

8. 在学习极差时，教师要强调“用极差来评价数据的离散程度时，极差值越小，说明数据的离散程度越小，数据越集中，算术平均数的代表性越好；反之，极差值越大，数据的离散程度越大，数据越分散，算术平均数的代表性越差，”使数据的离散程度与集中趋势相统一，让学生初步形成“用集中趋势与离散程度同时分析数据，才能更加合理地表示样本的某一特征”这一认识.

9. 教师可以说明，极差只是利用了数据两端的信息，没有涉及中间数据的分散情况，因而不能精确描述数据的离散程度，从而引入表示数据离散程度的统计量——方差和标准差. 教材通过例 3 进一步加深了学生对方差与标准差的认识，对这两个参数在比较两组样本数据的离散程度的作用举例说明，同时，教师要强调“在平均数相同的情况下，方差和标准差越大，数据的离散程度越大，反之，数据的离散程度越小”.

10. 教材通过“情境与问题(2)”引发学生思考：身高的算术平均数远大于体重的算术平均数，仅从标准差的大小来评判两组数据的离散程度是不全面的，从而引入离散系数.教材通过例 4 加深学生对于离散系数的认识，同时教师应表明“离散系数消除了数据平均值和计量单位的影响，当两组数据的算术平均数或计量单位不同时，常用离散系数比较这两组数据的离散程度”这一观点，帮助学生选择合适的参数判断样本的离散程度.

11. 练习 10.1.1 共三道题，是一级要求，主要是求样本数据的算术平均数、加权算术平均数、中位数与众数.练习 10.1.2 共两个题，主要练习求样本数据的极差、方差、标准差与离散系数，并用这些参数比较两组数据的离散程度，这是一级要求，旨在综合训练学生对于这些统计参数的计算，提升数学运算的核心素养.

12. 习题 10.1A 组【知识巩固】共 3 个题.第 1 题旨在考查学生对于众数的理解，第 2 题旨在进一步帮助学生熟悉中位数、标准差、方差与极差，第 3 题是算术平均数、方差、标准差、离散系数的计算，都是一级水平要求.B 组【能力提升】共 3 个题，是在 A 组【知识巩固】的基础上，对各参数进行系统的对比，是一级水平要求. C 组【学以致用】共两个题，旨在帮助学生学会选用所学的统计参数比较样本数据的集中趋势与离散程度，这是二级水平要求.

六、问题设计

1. 义务教育阶段我们学过，把一组数据按照由小到大排序后，位于中间位置的数称为中位数，如果数据个数是偶数，如何求中位数呢？

中位数的概念很好理解，提出这一问题主要是让学生正确区分数据个数为奇数和偶数时，中位数的求法的区别，加深学生对于中位数的理解.

2. 我们可以用方差和标准差来判断一组数据的离散程度，根据公式，大家认为方差和标准差越大，数据的离散程度越大还是越小？

在学习方差和标准差时提出这一问题，旨在让学生理解用方差和标准差判断数据的离散程度的方法，同时应用公式来解决这一问题，也让学生对于方差与标准差的计算公式有更深的理解.

3. 如果两组数据算术平均数不同，或者单位不一样，那如何比较两组数据的离散程度呢？

提出这一问题，引发学生的思考，激发求知欲，同时引出离散系数.

七、习题答案

练习 10.1.1

1. (1) $\bar{x}=2.8, M_e=2$,众数为 2;

(2) $\bar{x}=19, M_e=21$,众数为 22;

(3) $\bar{x}=7, M_e=7$,无众数;

(4) $\bar{x}=1.26, M_e=1.4$,众数为 0.4 和 0.7.

2. $\bar{x}=37, M_e=35$,众数为 34 和 41.

3. $\bar{x}=765$.

练习 10.1.2

1. (1) $R=4, s\approx1.58$;

(2) $R=4, s\approx1.64$;

(3) $R=17, s\approx6.09$;

(4) $R=4, s\approx1.49$.

2. $\bar{x}_{甲}=184, s_{甲}\approx1.58, V_{s甲}\approx0.86\%$;$\bar{x}_{乙}=184, s_{乙}=1, V_{s乙}\approx0.54\%$,

因为 $V_{s甲}>V_{s乙}$,所以乙队队员的身高比较均匀.

习题 10.1

A 组

1. C.

2. B.

3. $\bar{x}=160, s^2\approx4218, s\approx64.95, V_s\approx40.59\%$.

B 组

1. 9.45,9.2,9.5.

2. $\bar{x}_{甲}=36, s_{甲}\approx2.08$;$\bar{x}_{乙}=35.1, s_{乙}\approx2.02$,

因为$\bar{x}_{甲}>\bar{x}_{乙}, s_{甲}>s_{乙}$,

所以甲水稻田的水稻比较高,乙水稻田的水稻株高比较均匀.

3. 这个班级学生的平均年龄约为 16.39 岁.

C 组

1. $\bar{x}_A=25, s_A\approx2.40$;$\bar{x}_B=25.2, s_B\approx2.82, \bar{x}_C=25, s_C\approx8.25$,

因为$\bar{x}_B>\bar{x}_A=\bar{x}_C, s_C>s_B>s_A$,

所以 B 车间技术人员的日平均产量最高,A 车间技术人员的日产量比较接近.

2. $V_{s身高}\approx4.34\%, V_{s体重}\approx8.94\%$,

因为 $V_{s身高}<V_{s体重}$,所以体重的离散程度比较大.

八、教学反思

10.2　一元线性回归

一、知识准备

1. 算术平均数的求法.

2. 一次函数的解析式.

3. 在坐标系中画一次函数的图像.

二、新知结构(图 10-2)

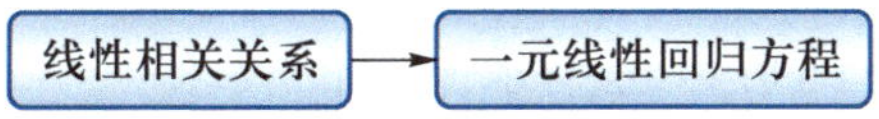

图 10-2

三、教学目标

1. 能从两个变量的特征判断出这两个变量是否具有相关关系.

2. 能通过所给数据求出两个变量所符合的一元线性回归方程.

3. 能通过一元线性回归方程对相关变量进行预测.

四、重点难点

重点:求一元线性回归方程.

难点:通过一元线性回归方程,根据变量间的相关关系进行合理预测.

五、教学提示

1. 通过"情境与问题"中的分析身高与体重这两个变量之间的关系引出相关关系的概念.教学中,要引导学生体会"人的身高与体重之间存在着一定的相关性,又要指出人的体重并不是身高的函数,对于确定的身高,体重具有不确定性"这一事实.也可让学生完成"想一想:生活中还有哪些变量具有相关关系?"举出日常生活中其他的相关关系的例子,同时结合练习 10.2

的第 1 题加深学生对相关关系概念的理解.

2. 强调“与函数关系不同,相关关系是两个变量之间的一种非确定性依赖关系”,可以辅以函数图像进行比较,线性关系是两个变量确定的点在一条直线上,但是通过画出散点图可知相关关系的两个变量确定的点虽然不在一条直线上,但是却在一条直线附近,进而引出线性相关关系与一元线性回归分析的定义,让学生对于这部分知识先有个直观的认识,使他们对一元线性回归的理解从感性上升到理性.

3. 回归直线、回归直线方程、回归系数的概念比较抽象,在教学中要强调回归直线是各散点到直线的距离和最小的直线.在求回归直线方程的过程中,最关键的是求出回归系数.回归系数的公式比较复杂,其推导过程可以不做详细介绍,有兴趣的同学可以自己上网查阅.

4. 为了使学生更易于理解如何求一元线性回归方程,教师可以引导学生总结求线性回归方程的步骤:(1) 计算算术平均数 $\bar{x}$ 和 $\bar{y}$;(2) 计算 x_i 和 y_i 的积,并求 $\sum x_iy_i$;(3) 计算 $\sum x_i^2$ 和 $\sum y_i^2$;(4) 代入公式,求出 $\hat{a}$ 和 $\hat{b}$,写出回归直线方程.这样可以理顺学生思路,提升学生对于一元线性回归方程的认识,因为计算比较复杂,可以借助计算器辅助计算.

5. 例 1 的第(1)问是应用公式求一元线性回归方程的实例,教师可以与学生一起感受计算的过程,体验各变量对于一元线性回归方程的影响.教学中,教师要强调任何一个变量发生变化,所求得的一元线性回归方程就会发生变化,体现每一个变量对于结果的影响,完成这一问可以达到水平一的要求.第(2)问是应用所求出的一元线性回归方程对变量进行预测,体现线性回归思想的应用,完成这一问可以达到水平二的要求.

6. 教材通过“读一读:这里的回归系数 $\hat{b}=0.43$ 的意义是:身高 x 每增加 1 cm,体重 y 就增加 0.43 kg”,体现回归系数的意义,可以结合习题 10.2A 组第 1 题,帮助学生加深理解回归系数的意义.

7. 练习 10.2 共有 3 个题.第 1 题与第 2 题的第(1)问考查对相关关系的理解,完成此题可以达到水平一的要求.练习 2 的第(2)问与练习 3 是根据变量数据求一元线性回归方程,是一级水平要求,通过所求的一元线性回归方程对变量进行预测,是二级水平要求.

8. 习题 10.2A 组【知识巩固】共 3 个题.第 1 题旨在考查学生对于回归系数的理解,第 2 题与第 3 题旨在考查学生对于一元线性回归方程的理解并应用方程进行预测,进一步帮助学生熟悉回归系数、回归直线方程.前者为一级水平要求,后者为二级水平要求.B 组【能力提升】与 C 组【学以致用】都是 2 个题,这些题目是在 A 组【知识巩固】的基础上,进一步加深学生对于线性回归的理解,锻炼学生运用数学知识解决实际问题的能力,提升数学建模和数学运算的核心素养.

六、问题设计

1. 一般认为,身高较高,体重就比较大,但身高与体重又不是线性的关系,那它们具有什么关系呢?

这个问题的提出帮助学生理解相关关系的概念.

2. 如何找到一条最合适的直线,使得这些点到这条直线的距离之和最小?

这个问题的本身就在提示一元线性回归直线选取的标准,也是在提示学生结合点到直线的距离等知识进行理解.

七、习题答案

练习 10.2

1.（1）是;（2）否;（3）是;（4）否;（5）否;（6）是.

2.（1）散点图略,变量 x 和 y 具有线性相关关系;

（2）y 对 x 的回归直线方程为 $\hat{y}=3.5+0.7x$;当 $x=6$ 时,y 大约是 7.7.

3.（1）$\hat{y}=-137.013+13.561x$;

（2）378.

习题 10.2

A 组

1. D.

2. 96.

3.（1）$\hat{y}=-4.12+0.26x$;（2）43.

B 组

1.（1）$\hat{y}=309.45+4.07x$;（2）533.

2. $\hat{y}=318-13\ 000x$.

C 组

1. 该地区婴幼儿的身高 y 对年龄 x 的线性回归方程为 $\hat{y}=62.84+11.19x$;当年龄为 5 岁时,婴幼儿的平均身高大约为 119 cm.

2.（1）$\hat{y}=341.3+4.29x$;（2）4.29 万元;（3）491 万元.

八、教学反思

复习题 10 答案

A 组

一、1. B .

2. D.

3. D.

4. C.

5. D.

6. A.

二、7. 518 kg.

8. 150%.

9. 650.

三、10. 81.9.

11. $\hat{y}=127.45+0.54x$.

B 组

1. (1) 6 ;(2) 1 728.

2. (1) 散点图略;(2) $\hat{y}=0.055+1.04x$;(3) $y_{甲}\approx 49, y_{乙}\approx 57$.

3. (1) $\bar{x}_{甲}=30, \bar{x}_{乙}=31$,

因为$\bar{x}_{甲}<\bar{x}_{乙}$,所以乙种玉米平均比较高.

(2) $V_{s_{甲}}\approx 35.87\%, V_{s_{乙}}\approx 38.58\%$,

因为 $V_{s_{甲}}<V_{s_{乙}}$,所以甲种玉米长得比较整齐.

4. (1) $\hat{y}=-28.68+0.40x$;(2) 47.

Ⅳ 教 案 示 例

一元线性回归

一、教学内容

一元线性回归共 2 学时,主要内容为相关关系的理解,一元线性回归方程的计算,及应用一元线性回归方程对变量进行预测,本节为第一学时.

对相关关系中一元线性回归方程进行研究,不仅帮助学生加深对变量之间近似线性关系的理解,还对提升数据分析的核心素养具有促进作用.

二、教学目标

1. 理解线性回归的基本思想和方法,体会变量之间的相关关系.

2. 会画出一组数据的散点图,并会通过散点图判断出这组数据是否具有线性相关关系,会通过数据求出一元线性回归方程,并对变量进行预测.在学习过程中体会数形结合的思想,提升数据分析的核心素养.

3. 在线性回归的实际应用中,感受数学来源于生活,并服务于生活.

三、教学重难点

重点:求一元线性回归方程.

难点:应用一元线性回归方程对变量进行预测.

四、教学策略

1. 教学理念:先学后教、以学定教.

2. 教法学法:

(1) 学法:自主探究小组合作;

(2) 教法:任务驱动法.

3. 资源整合:

(1) 课前、课中、课后微课辅助教学,有效地突出重点,突破难点.

(2) 网络平台云班课:创造可观、可学、可测、可交流的学习环境.

(3) 利用即时通信软件即时交流所思所想.

五、教学过程(表 10-4)

表 10-4

教学环节	教学内容	双边活动	设计意图
引入新知	应用身高与体重的例子引出相关关系. **一、相关关系** 在实际问题中,变量之间的常见关系有两类:一类是确定性函数关系,变量之间的关系可以用函数表示;另一类是相关关系,变量之间有一定的联系,但不能完全用函数来表达. 像这样,当一个变量取某个值时,另一个变量的取值与它有关,且带有一定的随机性,则称这两个变量之间的关系为不确定性相关关系,简称相关关系	教师通过给出身高与体重的例子引导学生发现相关关系,学生在教师的引导下总结相关关系的定义	通过对两个变量之间关系的探讨,既复习了已学的函数知识,又引出这节课所要学习的内容

续表

<table>
<tr><th>教学环节</th><th>教学内容</th><th>双边活动</th><th>设计意图</th></tr>
<tr><td>讲授新知</td><td>

二、一元线性回归方程

1. 散点图

在直角坐标系中以每个同学的身高 x 为横坐标、体重 y 为纵坐标描点作图.

像这种以两个变量的取值为坐标画出的用来反映两个变量相关关系的图形称为散点图.

在散点图中,如果点散布在一条直线的附近,可用线性函数近似地表示 x 和 y 之间的关系.如何选择直线有下列思考方案:

(1) 选择能反映直线变化的两个点.

(2) 取一条直线,使得位于该直线一侧和另一侧点的个数基本相同.

(3) 多取几组点,确定几条直线方程,再分别算出各条直线斜率、截距的平均值,作为所求直线的斜率、截距.

2. 一元线性回归方程

对于具有线性相关关系的两个变量 x 和 y,其散点图可以唯一地确定一条直线,称为回归直线,其方程如下:

$$\hat{y}=\hat{a}+\hat{b}x,$$

其中,
$$\hat{b}=\frac{\sum_{i=1}^{n}x_iy_i-n\bar{x}\bar{y}}{\sum_{i=1}^{n}x_i^2-n\bar{x}^2},$$

$$\hat{a}=\bar{y}-\hat{b}\bar{x},$$

这个方程称为 y 对 x 的回归直线方程,$\hat{b}$ 称为回归系数.

</td><td>学生展示自己画的散点图,教师引导学生发现各散点大致分布在一条直线附近,引出一元线性回归的定义,进而教师与学生一起求解线性回归方程.

教师借助 PPT 对公式的推导过程进行展示</td><td>从抽象到具体,加深学生对于线性回归的理解.

在教学过程中潜移默化地提升学生数据分析的核心素养.

公式的推导比较复杂,不要求学生掌握,了解即可</td></tr>
<tr><td>例题讲解</td><td>

例 1 根据下表中的体重和身高数据,求:

(1) 体重 y 对身高 x 的回归直线方程(回归系数保留两位小数);

(2) 当一人身高为 183 cm 时,试推测他的体重大约是多少千克?

解 (1)求体重 y 对身高 x 的回归直线方程,步骤如下:

第 1 步:列表.

<table>
<tr><th>序号</th><th>x</th><th>y</th><th>x^2</th><th>xy</th></tr>
<tr><td>1</td><td>172</td><td>63</td><td>29 584</td><td>10 836</td></tr>
<tr><td>2</td><td>150</td><td>56</td><td>22 500</td><td>8 400</td></tr>
<tr><td>3</td><td>170</td><td>70</td><td>28 900</td><td>11 900</td></tr>
<tr><td>4</td><td>165</td><td>55</td><td>27 225</td><td>9 075</td></tr>
<tr><td>5</td><td>180</td><td>68</td><td>32 400</td><td>12 240</td></tr>
<tr><td>6</td><td>176</td><td>68</td><td>30 975</td><td>11 968</td></tr>
</table>

</td><td>教师与学生一起完成回归系数、回归直线方程的求解,可以借助计算器进行计算.</td><td>通过对回归直线方程的计算,提升学生数学运算的核心素养</td></tr>
</table>

续表

<table>
<tr><th>教学环节</th><th>教学内容</th><th>双边活动</th><th>设计意图</th></tr>
<tr><td>例题讲解</td><td>
续表
<table>
<tr><th>序号</th><th>x</th><th>y</th><th>x^2</th><th>xy</th></tr>
<tr><td>7</td><td>155</td><td>63</td><td>24 025</td><td>9 765</td></tr>
<tr><td>8</td><td>160</td><td>53</td><td>25 600</td><td>8 480</td></tr>
<tr><td>$\sum$</td><td>1 328</td><td>496</td><td>221 210</td><td>82 664</td></tr>
</table>
第 2 步:计算 $\hat{a}$ 和 $\hat{b}$.
由表中的数据,计算可得 $\bar{x}=166$,$\bar{y}=62$. 于是,
$$\hat{b}=\frac{89\ 304-8\times166\times67}{221\ 210-8\times166^2}\approx0.43.$$
$$\hat{a}=62-0.43\times166=-9.38.$$
第 3 步:写出回归直线方程.
体重 y 对身高 x 的回归直线方程为
$$\hat{y}=-9.38+0.43x.$$
(2) 当身高 $x=183$ cm 时,$\hat{y}=-9.38+0.43\times183=69.31$ kg.
因此,当一个人的身高为 183 cm 时,推测他的体重大约是 69.31 kg.
</td><td>学生描述回归系数 $\hat{b}=0.43$ 的意义.</td><td></td></tr>
<tr><td>小结作业</td><td>练习 10.2
第 1、2、3 题</td><td>可以录制相应视频帮助学生理解</td><td></td></tr>
</table>

V 素养拓展

统计分析方法——数据分析

数据分析指用适当的统计、分析方法对收集来的大量数据进行分析,将它们加以汇总和理解并消化,以求最大化地开发数据的功能,发挥数据的作用.数据分析是为了提取有用信息和形成结论而对数据加以详细研究和概括总结的过程.

在统计学领域,有些人将数据分析划分为描述性统计分析、探索性数据分析以及验证性数据分析.其中,探索性数据分析侧重于在数据之中发现新的特征,而验证性数据分析则侧重于对已有假设的证实或证伪.探索性数据分析是指为了形成值得假设的检验而对数据进行分析的一种方法,是对传统统计学假设检验手段的补充.

数据分析有极广泛的应用范围,典型的数据分析可能包含以下三个步骤:

1. 探索性数据分析:数据刚取得时,可能杂乱无章,看不出规律,通过作图、制表、用各种形式的方程拟合,计算某些特征量等手段探索可能的规律性,即往什么方向和用何种方式去寻找和揭示隐含在数据中的规律性.

2. 模型选定分析,在探索性分析的基础上提出一类或几类可能的模型,然后通过进一步的分析从中挑选一定的模型.

3. 推断分析:通常使用数理统计方法对所定模型或估计的可靠程度和精确程度作出推断.

下面分享一个有趣的数据分析案例——"啤酒与尿布"的故事.

"啤酒与尿布"的故事产生于20世纪90年代,超市的管理人员分析销售数据时发现了一个令人难于理解的现象:在某些特定的情况下,"啤酒"与"尿布"两件看上去毫无关系的商品会经常出现在同一个购物篮中,这种独特的销售现象引起了管理人员的注意,经过后续调查发现,这种现象出现在年轻的父亲身上.

在有婴儿的家庭中,一般是母亲在家中照看婴儿,年轻的父亲前去超市购买尿布.父亲在购买尿布的同时,往往会顺便为自己购买啤酒,这样就会出现啤酒与尿布这两件看上去不相干的商品经常会出现在同一个购物篮的现象.如果某个年轻的父亲在超市只能买到两件商品之一,则他很有可能会放弃购物而到另一家超市,直到可以一次同时买到啤酒与尿布为止.之后,该超市开始尝试将啤酒与尿布摆放在相同的区域,让年轻的父亲可以同时快速找到这两件商品,并很快地完成购物,从而获得了很好的商品销售收入,这就是"啤酒与尿布" 的故事.

实际上,啤酒与尿布的故事就是数据分析的经典案例.

郑重声明

读者意见反馈

为收集对教材的意见建议,进一步完善教材编写并做好服务工作,读者可将对本教材的意见建议通过如下渠道反馈至我社。

咨询电话　400-810-0598

反馈邮箱　zz_dzyj@pub.hep.cn

通信地址　北京市朝阳区惠新东街4号富盛大厦1座

　　　　　高等教育出版社总编辑办公室

邮政编码　100029

防伪查询说明

用户购书后刮开封底防伪涂层,使用手机微信等软件扫描二维码,会跳转至防伪查询网页,获得所购图书详细信息。

防伪客服电话

(010)58582300

学习卡账号使用说明

一、注册/登录

访问 http://abook.hep.com.cn/sve,点击"注册",在注册页面输入用户名、密码及常用的邮箱进行注册。已注册的用户直接输入用户名和密码登录即可进入"我的课程"页面。

二、课程绑定

点击"我的课程"页面右上方"绑定课程",在"明码"框中正确输入教材封底防伪标签上的20位数字,点击"确定"完成课程绑定。

三、访问课程

在"正在学习"列表中选择已绑定的课程,点击"进入课程"即可浏览或下载与本书配套的课程资源。刚绑定的课程请在"申请学习"列表中选择相应课程并点击"进入课程"。

如有账号问题,请发邮件至:4a_admin_zz@pub.hep.cn。